莫扎特家书

辛丰年文集 卷八

辛丰年 译评
严锋 编

SMPH
上海音乐出版社

出 版 说 明

辛丰年（1923—2013），本名严格，江苏南通人。1945年开始在新四军从事文化工作，1976年退休。20世纪80年代以来，辛丰年为《读书》《音乐爱好者》《万象》等杂志撰写音乐随笔，驰誉书林乐界。著有《乐迷闲话》《如是我闻》等书十余种。先生早年因投笔从戎，未能完成初中学业，后读书自学成癖，并迷上音乐，晚年转向文史阅读。终其一生，辛丰年是一个彻底的理想主义者，一个纯粹的人文主义者，一个真理与美的追求者。

2018年，上海音乐出版社成功出版“辛丰年音乐文集”六种。时隔五年，适逢先生百年诞辰，本社以音乐文集为基础，再收入辛丰年信札、随笔合集一种和译作一种，总计八种。

音乐美好，人生美好。纪念先生美好而正直的一生。

上海音乐出版社有限公司

2023年7月

像音乐一样美好

无论在他生前身后，我想到父亲的时候，最常有的感觉是惊奇：世上怎么会有这样的人，世上竟还有这样的人。我不是感叹他的学问有多好，文章写得有多好，而是惊讶还有这么好的人。

我当然知道，作为一个儿子，用“好人”来形容自己的父亲，这没有什么意义，在今天更是如此。在一个假道德、非道德、反道德、后道德混杂的时代，对道德的冷感和犬儒态度是可以理解的。但是，我对道德理想主义依然抱有信念，因为我身边确实有一个真实的例证。

这不仅是我个人的看法，也是接触过他的所有人的印象。中国人有替他人扬善隐恶的习惯，通常对文化老人会有溢美之词，但是我看别人写他的文章，深知对他的所有美好回忆都是真的，而且只是沧海一粟。

惊讶之余，必有疑惑。我常常想，他那样的人究竟是怎样炼成的。是父母教的吗？好像不是。他的母亲很早就去世，他的父亲是一个威严而粗暴的小军阀，民国时代做过上海警备司令兼上海警察厅长和上海卫生厅长——我小时心目中标准的“坏人”。是学校教的吗？他初二就肄业了，其后全靠自学。

那么是另一个巨大的熔炉吗？他确实像同时代的许多青年，响应了时代的强烈呼唤。对于家族，父亲有一种根深蒂固的羞耻感和赎罪心，这种原罪的意识，从20世纪40年代接触革命思想，到“文革”中的吃尽苦头，一直到发家致富光荣的改革开放的今天，他从来没有改变过。

还有家国之耻。父亲说，他当年跑到解放区，是因为家不远处和平桥就是日本宪兵队，每次经过那里都要向日本人鞠躬，感觉非常屈辱。他总是绕道跃龙桥，避开日本人。他也不喜欢蒋介石，因为常去邹韬奋的生活书店看进步书籍，特别在青年会图书馆（在大世界隔壁）看了华岗的《1925—1927中国大革命史》，痛恨蒋的屠杀，从此对国民党幻灭。

但是最直接的动因，是一本叫《罪与罚》的小说，作者陀思妥耶夫斯基。2010年的时候父亲有一天打电话说他把这本书的英文版又看了一遍。他还告诉我，当年他投身新四军，最初不是因为读了马克思的书，而是因为震撼于《罪与罚》呈现的罪孽。无论如何，推动父亲一路走来的是一种对人间的绝对正义的追求，一种刻骨铭心的悲天悯人的情怀。他是一个无可救药的人道主义者。

还有音乐，终生自学，终生挚爱。战争年代，父亲在部队所到之处，会寻访当地音乐人，向他们请教和借乐谱抄写。在他的行军背包中，还放着德沃夏克《自新大陆交响曲》的总谱。原江苏文联秘书长章品镇先生是他的革命引路人，1945年他们一同从上海坐船到苏中分区参加新四军。两人相约仿效巴托克，随军每到一处，即以纸笔记录当地民歌。我曾见他们在异地交流采风的信件。对于他们那一代的文艺青年来说，革命是最浪漫的诗篇；对父亲来说，革命是最宏伟的交响乐章。

雨果在《九三年》中说："在绝对正确的革命之上，还有一个绝对正确的人道主义。"我父亲的一生，实践的就是雨果的这句名言，并且再加一句：在这两者之上，还有一个绝对美好的音乐。

严　锋

前　言

乐史无有前例的小神童大天才是莫扎特，至今也无第二例。2006 年是他降生人间的二百五十周年。普天下的“莫迷”将带着新的史感来倾听他的“无一句不美”的音乐。

读其乐不知其人，可乎？

要知其人，而且知人知面又知心，最好是读其自述。最可信的自述，是原来并不想公之于众的日记、书信。

莫扎特家书就是这种“自述”。因为怕外人窃读，他还在某些信中用了只有他们自家人才懂的暗话，可见是真心话了。

如此伟大，而且带着神奇性的人物，留下这样多真实可信的自传资料，让崇仰爱慕他的后人于二百年后尽情窃听他的内心话，触摸这个有血有肉有七情六欲的人，我们何其幸运！

但，假如你是对他视之如神的，读了这本家书选，很可能会讶怪、幻灭。原来，一切音乐家“心中的太阳”并不那么纯，那么神圣不可思议！

家书之可贵，端在于此。莫扎特为自己画了真容：道地的凡人，往往还大有俗气，俗得可怪。

人如其乐吗？这道理好像用不上了。这种矛盾，这个“莫扎特之谜”，且让学者们去解。对于莫扎特迷来说，这正可刺激我们去咀嚼他的音乐——看似平淡无奇却又最耐咀嚼的音乐。

原信有好几卷，这里只选了一部分，而且只是摘其片段。附以夹注夹议的“译读者言”，既是希望有助于增加阅读兴趣，也是译读时心有所动，不能已于言，不免啰唆几句。

无论在音乐还是外文方面，译者都只是个爱好者，错误难免，务恳高明指正！

辛丰年

二〇〇六年春

目 录

30. 用拗断头颈的劲头写

31. 情愿少收几个学生

32. 拿到歌剧台本之后

33. 我再也写不下去了

34. 一切就绪，只待写出

35. 钢琴部分存在我心里

36. 用“复调思维”谱曲

37. 改短不难，加长难办

38. 天生我材就是要当个宫廷乐长

39. 少收学费有碍名声

40. 如果缺课，学费照付

41. 精打细算收学费

42. 每天的工作排得满满的

43. 搞得我手忙脚乱

44. 半夜上床，黎明即起

45. 忙忙碌碌的一天

46. 又是辛苦忙碌的一天

47. 我并不感到意外

48. 你是个人才

49. 这样的人百年难得一遇

50. 忍气低头求一职

51. 情愿奉上微不足道的拙作

上编

别人眼中的灵童

1. 七岁的莫扎特手足并用弹弄管风琴

关于沃尔夫冈的最新消息如下。为了消遣，我们去看了这里的管风琴。我把足键盘有什么用处讲给他听了。一听之下他立刻便上去试弄。他索性推开了琴凳，就那么直立着弹奏起来，同时也就把足键也用上了。他弹奏得就像是已经练习过好几个月的样子。大家看得都乐了。

——老莫扎特 1763 年 6 月 11 日自巴伐利亚寄友人

译读者言：小莫扎特的聪明、天真、好弄，从这封信中给活画了出来！

管风琴这座庞然大物的“乐器之王”（莫扎特对它有此评价。不过，一般的说法是，这一称号的提出要归功于舒曼），上有手键盘，下有足键盘。手键盘不止一层，甚至不止两三层。足键盘是用来踩奏乐曲中的最低声部的。所以，在管风琴乐曲的谱子上常常可以看到，除了双手弹的两行谱表之外，底下还有一行，那便是让双足去演奏的最低音。

莫扎特精通的乐器，除了小提琴、中提琴、钢琴、羽管键琴和楔槌键琴之外，还有管风琴。弹奏管风琴也是他的拿手好戏。后来的家信中不止一次谈到这方面的情况。

2. 六龄童参加三重奏

1762年秋天，你们从维也纳回到萨尔茨堡。沃尔夫冈有了一把给儿童用的小提琴，那是他在维也纳收到的一份礼物。当时，小提琴手温策尔先生来看望我们。他正在学作曲，带来了六首三重奏，要你父亲看一下，提提意见。于是我们三个便来试奏这些作品。你爸爸拉中提琴，温策尔“一提”，“二提”由我拉。这时，沃尔夫冈要求让他拉“二提”。你爸爸拒绝了这个不懂事的要求。因为，孩子连最起码的提琴课也没上过。他以为孩子什么也不能拉。

沃尔夫冈说，“二提”声部简单，根本用不着学也能拉。你爸爸就是不让拉，叫他走开，别在跟前碍事。沃尔夫冈伤心得哭了起来，拿着自己的小琴直跺脚。我劝他们让孩子同我一起拉那个声部。你爸爸只好同意，对他说：跟着夏希特纳先生拉，只不过要轻轻地，别叫我们听见，不然就要你走开。

我们便这样拉了起来。一会儿功夫我就惊讶地注意到，我自己成了个多余的人，便悄悄地放下了我手里的琴。看看你爸爸，只见惊喜的泪水从他脸上淌了下来。

沃尔夫冈把六首三重奏全都拉了。受到大家夸奖的鼓励，他又鼓起勇气拉起了“一提”部分。我们为了好玩也让他试了。大家看他手忙脚乱地拉错了把位，简直笑得个要死。但他还是一直坚持不断气地拉了下去。

——老莫扎特的友人夏希特纳 1792 年
写给莫扎特之姊南内尔的信

译读者言：叙述如画！有趣，也可信。

17、18 世纪的室内乐作品，“二提”声部是相当简单的，何况这信中提到的又是一个初学者的试作。

回忆中说的后来孩子又硬拉那他力不能及的“一提”声部，拉得手忙脚乱，可证其并未为神圣的大天才讳。孩子能在这种情况下仍然拉到底才罢手，又说明了莫扎特幼时的视奏与反应能力之不凡。这同其他人回忆中的情节可以互证其真实可信。

3. 站在贵人身边作曲

沃尔夫冈必须马上作个曲子。就站在选侯大人身边作，由大人哼一个主题的开头几小节。

等到晚餐过后，他得在音乐室里把这支曲子弹给大人听。

——老莫扎特 1766 年自慕尼黑寄友人

4. 当众谱曲

我请在场的某人去拿一本著名的大剧作家梅塔斯塔西奥（Metastasio）的作品来，随手翻开，把其中一首咏叹调的歌词摊开在小沃尔夫冈的面前。沃尔夫冈拿起笔来便为歌词写曲，笔不停挥，快得惊人，中间并无迟疑沉吟。

这是当着一群知名人物干的。他们之中有宫廷乐长波诺，有马塔教长，有作曲家哈塞，有勃拉冈扎公主和米·考尼茨亲王。

这是用好几件乐器伴奏的一曲咏叹调。

——老莫扎特1768年7月30日自维也纳寄家人

译读者言：莫扎特在音乐才智上的特异天赋，早在以上这几封书信之前好几年便有了灿烂的爆发了。据他姐姐南内尔1792年的回忆，当老莫扎特开始教九岁的她学弹羽管键琴的那时候，才三岁年纪的小莫扎特也把好多时间用在琴上，自己弹个不休。这孩子试着弹出一些三度音程来。他为自己弹弄出了悦耳的声音喜笑颜开。

又据老莫扎特的友人夏希特纳回忆，童年的莫扎特每一听到一支小号单独吹响的声音，便惊恐得不得了。这种情况一直延续到他九岁时。哪怕只是拿起小号对着他，也像是有一把子弹上了膛的手枪指向他的胸膛。他爸爸想矫正这种幼稚的心理反应，曾有一次不顾他的反感，故意朝着他吹响一支小号。老莫扎特后来告诉朋友：“我的老天！我真不该听别人的劝这样做。沃尔夫冈才一听见号声，脸就煞白，而且要瘫倒在地了。假如我硬是要吹下去的话，他肯定会发病的。”

5. 窃记秘本合唱曲

你常听人说起罗马那首出了名的《求主怜悯歌》。此曲是如此之珍贵，凡是去西斯廷教堂参加演唱的人，连一份分谱也不准带出堂外抄写，不管是自己用还是传给他人；否则，便要受到革出教门的严厉处分。

可是，我们现在已经弄到了这个曲谱。沃尔夫冈把它默记下来了。假如不是因为在我们萨尔茨堡无须演唱此作的话，那么此刻便可随此信寄出了。

其实，此曲演唱效果之所以特殊，是由于那演唱方式比乐曲本身更起作用。因此，我们将把它随身带回家去。更重要的问题是，此谱在罗马这里是一种珍秘之物，我们不想让其落入他人之手，免得因此而遭到教廷方面的处罚。

——老莫扎特 1770 年 4 月 14 日自罗马寄妻子

译读者言：少年莫扎特凭着他过人的听力与记忆力，窃记了那首从来秘不外传的《求主怜悯歌》的乐谱，打破了教廷的禁锢，这是乐史中一件大掌故！

虽然可惜缺少当事人莫扎特本人对这事的叙述，然而有乃父的家信，还有他姐姐的回忆。且说南内尔 1792 年的回忆是这样的：

“一到复活节前的星期三下午，他们父子两个立即赶往西斯廷教堂，去听那首出名的《求主怜悯歌》。由于向来的规矩是此谱不得外传，儿子便承担了将其听记下来的工作。结果是他一回到寓所中就动手默写出来。次日，他又去听了。他把已经记下的谱子藏在自己帽子里头，为的是对一下有无误记之处。不巧，那日演唱的作品换了一首。等到耶稣受难日（星期五）那天，才终于又听了一遍。回来之后，订正了几处，便完成了。

这件事随后还是在罗马传开去了。于是，他在音乐会中在羽管键琴的伴奏下唱了它。”

当时的家信与后来的回忆，两份乐史文献为这件曾被视为神奇不可思议的异闻作了颇有现场感的报导。但是我们还可以来作一些有趣的补充，使其更加接近于历史之真。

首先，从前广为流传，并见诸各种记载的说法是，十四岁的莫扎特仅仅去西斯廷教堂听了一遍，便将那共有九个声部的复调作品一无差错地暗记于心，默写出来了。

经过乐史家仔细查证，现今已将“一遍”修正为“两遍”。南内尔的回忆即最有权威的见证了。更可贵的是，她提到了第一回听记之中有些不准确之处，而且莫扎特本人也不认为自己的听、记是万无一失的。这就把神话色彩和广告气味给洗清了。(令人不解的是1980年出版的《新格罗夫音乐与音乐家词典》中关于“莫扎特”这一条目中，那说法依旧是只听了“一遍”！)

不过，进一步考证，又仍有叫人纳闷与猜疑的情况。有人对其父其姊的说法提出了疑问。问题的“要害”在于：莫扎特在这以前真的是从未听见过这首《求主怜悯歌》吗？

据考，当时在罗马以外的有些地方，其实是可以听到这首作品的。它在维也纳便曾经被演唱过，不过那时莫扎特还很小。至于曲谱，西斯廷教堂之外也不是没有抄本。奥地利皇帝利奥波德一世，葡萄牙国王，还有那位年高望重、同莫扎特颇有缘分的玛蒂尼长老，他们手里都有一份此谱的抄本。

就在莫扎特听记此曲的那年，即1770年之前，英国的乐学家伯尔尼已经了解到这些情况了。而玛蒂尼长老正好在莫扎特赴罗马之前三星期曾经给他上了对位法课。他并不是没有机会听到它和见到那乐谱。那么，老父的报导是否不免有点故神其说？

其实就是《求主怜悯歌》本身也有其名不副实的成分。原作本是五个声部的合唱曲，后来唱成了九个声部。另外的四个声部是后加上去的，这是一种按着中世纪配和声复调的成规由演唱者加在曲调上的唱法。老莫扎特家信中的“演唱方式”云云，说的正是这情况。

以往，普通的爱乐者虽然都神往于这个莫扎特神话中极具吸引力的故事，但恐怕极少有人能有见识一下这首古老且又保了密的音乐文献吧？除非你有机会在天主教复活节的时候到罗马西斯廷教堂去。

如今却太容易了。你可以从 CD 上一赏这乐中珍奇。很可能，乐曲本身并不像你原先想象中那么神奇美妙，但它是古意盎然的。尤其不同凡响的是，它是沾了莫扎特的灵光的。它会把你一下子带回二百多年前去，让你与绝世天才同在。这是一种为史感所强化又升华了的乐感。作曲者比听记者又要古二百年。他是阿来格里（G. Allegri，1582—1652）。

也像是一种历史的嘲弄，写了大量教堂音乐作品的这位乐人，后人和今人却只记得他这部《求主怜悯歌》，然而这号称九声部的乐曲，又只有五个声部是其原作；而那演唱效果，又主要是由于外加的那些声部。所以，他的版权实在是有限的！

中编

一个凡人的自画像

人性的呼唤，在我身上像别人一样的强烈。

——1781 年 12 月 15 日写给父亲的信

6. 尽在我胸中

今天有哈塞的歌剧演出。……我不能去看。幸运的是，其中的那些咏叹调，差不多全在我心里头了。故此我能够呆在家里，从我的心里看它，听它。

——1771 年 11 月自米兰寄母与姊

勒·格罗买下了我的两首《序曲》，还有一首为四件管乐器与乐队作的《交响协奏曲》。

他自以为，这样一来它们便为他所独占了。那他就弄错了！这是因为，这些作品一清二楚地保存在我头脑里，一等我回到家里，我就要把它们全都再写下来。

——1778 年 1 月自巴黎寄父

译读者言：前面介绍了关于莫扎特听记《求主怜悯歌》的那回事。如果有人对莫扎特是否当真有那种过耳不忘的本事有疑的话，那么以上这两封信可以叫我们释疑了。前一封信的时间距离听《求主怜悯歌》不过一年有半。信中所说的哈塞其人（J. A. Hasse，1699—1783）是德国音乐家，而当时却以其所作的意大利式歌剧而红极一时。

后一信中的两首序曲是哪两首作品，不明。《交响协奏曲》则是一部篇幅很大，结构相当复杂的乐曲，关于此曲原稿如何失而复出，但又并非原璧的情节，且待后文详谈。今天的我们听这首《交响协奏曲》的时候，不难感到，要将头绪如此纷繁的一部大型乐曲（大约共需演奏半小时）储存于头脑之中，尽管是他自己作的，绝非一般的记忆力能做到的。

7. 我对他有用处

卡纳比希先生何以对我友好，爸爸估计的原因是不错的。然而其中还有一个小小的原故是，我对他有用处。

他需要将自己所写的芭蕾音乐选曲移植为键盘乐曲。但是，要把它们处理得既有效果又便于弹奏，他却不行。于是在有一次我为他改编了一首对舞曲之后，他发现了我很有用处。

——1777 年 12 月自曼海姆寄父

译读者言：信中所说的卡纳比希（C. Cannabich，1731—1798）这个人并非无名之辈。这位德国音乐家是曼海姆乐派的大师。曼海姆管弦乐队在当时是欧洲最有训练、最有纪律，也最有效果的一支乐队，卡纳比希便是它的领导者。

莫扎特出游曼海姆，寓居在他家里，交往甚密。曼海姆乐派的管弦乐曲写作、乐队演奏技巧与乐风，都给他提供了丰富的养料。

青年莫扎特那种自负不凡的情绪，在此信的不多几句话中已经有所流露。其中有一些不够谦虚也不够世故的话，用的是一种暗语。此种类似密码的暗语，只有他们一家人自己看得懂。莫扎特家书中有很多地方使用了此种暗语。

8. 向壁空弹

带着格列姆先生的介绍信，我去访问夏博公爵。在一间没生火的大房间里坐候了半个小时，公爵夫人才终于露面。

她很是客气，要我尽其可能地利用一下那屋子里的钢琴。虽说她的那几架琴没有一架是好用的，但，可否一试呢。

我表示，我是乐于弹奏一点什么的，只不过眼下不大好办。因为，我的十个指头都冻僵了。

于是，夫人和几位客人坐下来作画。而我则有幸呆在那儿恭候着。那里的门、窗全都敞开着。不仅是双手，我从头到脚都冻得冰凉的，而且觉得头也疼起来了。

我终于还是在那架糟糕的钢琴上弹了起来。令人烦恼的是，夫人，还有所有在场的绅士们，一直在画个不休，而且画得专心致志。所以，我不过是在为那些桌子、椅子与四壁而弹奏。在如此恼人的情况下，我可不耐烦了。费希尔所作的那首变奏曲弹到半中间，我推琴而起。此时才听到了一片赞许之声。对此，我所能表示的只是说，这架琴不能让我施展自己的才技。如果有架好一点的乐器，改日我乐于奉陪诸位。

然而公爵夫人就是不放我走。我只得又呆了半个小时。这时她丈夫才走了进来。他在我身旁坐下，凝神细听我继续弹下去。我忘了寒冷，也忘了头疼。不管那琴是多么糟，我也乐于弹奏了，就像我平时高兴的时候那样。

如果听众是什么也不懂的，或者是不想懂的，而且是对我所弹的音乐茫然无所感受的人，那么，哪怕是让我弹一架全欧罗巴顶刮刮的琴，我也是毫无兴致的。

——1778 年 5 月 1 日自巴黎寄父

译读者言：据莫扎特的妻子康斯坦查 1829 年的回忆，他是不乐意弹给素不相识者听的，除非已了解到对方是一个能够赏鉴的人，那他便会欣然尽其所能地让听者得到满足了。

明乎此，想到他从小便不得不为众多不符合他的要求的庸人俗子弹奏，乃至受他们的狎弄与折磨，我们不能不为之叹息！

他随弱母去当时欧陆音乐中心之一的巴黎，是为了怀才求遇，想在那里一鸣惊人，大展其才，结果是受了一肚子窝囊气而归。这篇巴黎书简中所述，只是一连串碰壁中的一个镜头，却也是情、景都很耐看的一个镜头。

9. 我把贝克打倒了

钢琴制造家斯坦因向来是对贝克的弹奏着迷得不得了的。如今，亲见亲闻使他认定了我才是更出色的。……沃弗格伯以及其他一批崇拜贝克的人，也在一次音乐会里公开承认说，我已经把贝克打倒在地了。

——1777 年 10 月 24 日自奥格斯堡寄父

译读者言：此信中的贝克其人，也是一位以神童起家的乐人。莫扎特同钢琴家克来门蒂的那场有名的比赛，人所共知；其实他还同这位贝克较量过。根据舒巴特（C. F. D. Schubart, 1739—1791）的记述，那一次交手，莫扎特弹得有力量，视奏比较完整，但是在其他方面却都不及贝克云云。这类比赛，如果双方水平相近，那么谁胜谁负往往难有完全一致的评价，正如他同克来门蒂的那场比赛一样。此信中透露出来的青年莫扎特目无余子的那种自信、自喜，是令人感兴趣的。

10. 这里的“砧板”不坏

这地方的“砧板”是不坏的。因此，正如你可以想象的那样，我首先按着费希埃第的风格弹过前奏，然后便弹了一首华丽的奏鸣曲，用的却是那种既生气勃勃而又精细的海顿风格。接着又弹了一些赋格曲。我弹奏赋格曲的技巧已经为我到处赢得了极高的声誉。

——1778 年 7 月自巴黎寄父

11. 这一切都如同儿戏

我弹给里希特听的时候，他自始自终盯着我的手指看，口中叨念个不停：“老天！我那么起劲地练，练得浑身是汗，可还是赚不到别人的彩声……而你，对你来说这一切都如同儿戏般轻松！”

“诚然如此，”我道，“我也同你一样地需要苦练。平时苦练正是为了到演奏的时候无须那么费劲。”

——1784 年 4 月自维也纳寄父

12. 你真正是个第一等人才

……然后，他们搬了一张小小的楔槌键琴进来。我作了即兴演奏之后又弹了一首奏鸣曲。

这时，我听到有些人在悄悄地告诉圣十字架修道院的长老，说是他应该听听我在管风琴上的功夫。于是我便请他给我出一支主题。他推辞了。有位在场的教士给了我一个。我先试了一下，看看这主题是否适合作一篇赋格曲，然后便即兴弹了起来。长老惊讶了："怎么回事！我只好承认这可是一件奇事！"又说："我所听见的叫我不敢相信，你真正是个第一等的人才！"

——1777 年 1 月自维也纳寄父

译读者言：这几封信可以让我们想象一下莫扎特的弹奏使得一座皆惊的情景，也可以感受到他自己那种得意的心态。

据他夫人 1829 年回忆说："他平日在家里并不怎么弹琴，但是当他独自同我在一起的时候，偶尔也会作即兴弹奏。"

莫扎特从小便显示出惊人的视奏能力。老莫扎特 1764 年 5 月 18 日从英伦写给友人的一封信里谈到八岁的儿子当众表演的情况："乔治三世陛下放在他面前要他视奏的乐曲，除了瓦根赛尔的作品，还有J. C.巴赫的、阿贝尔的、亨德尔的。他把这些都视奏了一遍。接着他又为王后弹伴奏，她唱了一首咏叹调。他还为一位长笛手的独奏弹了伴奏。然后，拿起几首亨德尔的咏叹调，那是凑巧放在他手跟前的，取其中的低声部，在那上面即兴弹出了极为美妙的旋律。在场者无不为之连声赞叹。”

13. 你这流氓！

我在某人家演奏钢琴，最后有人找出一首赋格曲风格的奏鸣曲让我视奏。我说：“先生们，太强人所难了吧！告诉大家，这样的乐曲我肯定是无法视奏的。”

这时教长说：“对，我完全相信你做不到这一点。”他显得相当紧张，因为他本来是非常支持我的。

我道：“话虽如此，我愿一试。”

弹奏之中，只听见教长一直在那里咕哝个不停：“哎，你这个小坏蛋！哎，你这流氓！哎，你这……”

——1777年10月24日自奥格斯堡寄父

14. 有个魔鬼附在他身上

乌姆劳夫把我邀到他家里，其态度极为谦恭。他要我听一听他自己写的一部歌剧。

他对我说：“您可别以为它是值得您为它费神的。我比您差远了，但我也是尽力而为的。”

我便在钢琴上将那部歌剧中的乐曲视奏了一遍。之后，我听说他告诉别人：“那是毫无疑问的，有个魔鬼附在莫扎特的头脑中、四肢和手指头上！真不知怎么搞的，我那写得一塌糊涂连我自己也读不下去的乐谱，他视奏得如此流畅，简直就像那就是他自己写的一样！”

——1781 年 10 月 6 日自维也纳寄父

译读者言：自从 19 世纪以来，作曲、演奏这两套功夫逐渐地分了家。然而在 19 世纪之前，情况并非如此。那时候，没有哪个作曲家不是兼为演奏家的。

这其中有个非常实际的需要。作曲家需要通过他自己的演奏来发表其作品，推销它。

莫扎特的绝代天才，从一开始便是通过演奏键盘乐器而震惊一世的。然后，世人才又发现了他在作曲上的异禀。

从家信和他人的报导中，可以知道在演奏方面他有两个绝招：一个是视奏，一个是即兴弹奏。至于弹奏技巧之全面与高超，更是不消说得，下文有更多资料可证。

有关他视奏首次接触的曲谱的能力之神奇不可思议，已成“莫扎特神话”或“莫扎特之谜”中一个重要的话题。

当他由老父带领着，周游英伦、意大利、巴黎等地，作神童献艺之旅时，最能炫奇，也最受内行、外行听众惊叹的，首先便是这种视奏的本事。这里忍不住要来抄一张节目单给大家看看。此乃他童年在意大利的一次表演。显然也是无数回这类表演中的一次。节目单如下：

1. 羽管键琴独奏（视奏）

2. 奏鸣曲（按照当场交给的主题即兴演奏）

3. 咏叹调（根据临时出示的歌词即兴谱成，并为演唱者伴奏）

4. 赋格曲（即兴谱出并演奏）

5. 奏鸣曲（现场交给曲谱，视奏、变奏，再移调演奏）

6. 三重奏（即兴演奏其中小提琴部分）

这到底是在让一个天降灵童展示其才智，还是故意向孩子出难题，作那种高难杂技表演，从而显示以小演员的劳苦危难为乐趣的看客心理呢！

莫扎特有特异的天赋，那是不容置疑的。再加上有一位发现了这一点，并以极大的苦心与高明的教育方法培育这株奇花异草的父亲的努力，莫扎特乃发育而成人类历史上古今罕有其匹的音乐头脑了。

但是，他也被染上了神话色彩。

前文中已有关于他默记罗马西斯廷教堂中“神奇秘谱”一事的介绍。对于他惊人的视奏能力，也有一些人提出了疑问。

比利时人格雷特里（A. E. M. Gretry，1741—1813）是与莫扎特同一时代的音乐家，不但以作曲负盛名，还留下了文字著作。在其出版于1795年的回忆录中，他写道：“1766年在日内瓦，我见到一个孩子。不论什么乐曲，他都能够拿到便弹奏。他父亲当着众人的面对我讲：‘我儿子的才能是毋庸怀疑的了。请写一首很难弹奏的乐曲让他在明天表演吧。’于是我便写了一首降B调的《快板》，不大容易弹，但也并不需要费很大的劲去对付。到时孩子果然将其视奏了出来，在场者人人叹为奇迹，只除了我一个。孩子视奏的当中并无停顿，可是有相当不少的乐句，他弹出来的并非我在谱上写的。”

据此，有位论者便认为，足见小神童的视奏并不是一字一句不苟毫无出入的。这其中，有一种内行人大家心照不宣的“弄虚作假”。

但是我们也不妨这样来看这个问题：格雷特里的回忆，固然可以看成是对莫扎特的那场视奏不忠实于原谱的指摘，却也正好从另一方面提供了见证，见证了他那即兴作曲与其随机应变的演奏能力之何等的得心应手。因为，不然的话，他又怎能毫不卡壳地一气弹完一首刚刚放在他琴上墨迹犹新的乐曲，其中某些地方又是他巧妙地即兴地加以改动的呢！

我们还可以注意到一点，命薄而心高气傲的莫扎特，从小便并不甘心于扮演一个音乐杂技演员的角色。上文已说到他是不屑为不识货的听众弹奏的。其实他小小年纪便已学会了玩世。对于那些使他感到受了狎弄的庸众，他自有他带着孩子气的狡法。

15. 你也要弹管风琴？

我对斯坦因说，我很想弹弹他制作的那座管风琴。因为，管风琴是我嗜爱的乐器。

“什么？”他大为惊讶，“一位像你这样技艺超群的钢琴家，想弹奏那种弹不出力度变化，缺乏表现力，听起来老是一个样子的乐器？”

我马上便看出来，他是以为我在他的管风琴上是弹不出什么名堂的。比方说，只是像弹钢琴一般弹弹而已。我说：“那没关系。在我眼中，它可是乐器之王。”

于是我们到了教堂的唱诗班那里。我开始在管风琴上即兴地弹弄起来。

斯坦因一开头还似乎好笑的样子。随即我弹起了一首赋格曲。

“我完全信服了！你弹得如此高明，可见你是喜欢弹管风琴的。”

——1777 年 10 月 17 日自奥格斯堡寄父

译读者言：读这封信，不可不回顾一下前文他老父那封信，即关于七岁的小莫扎特弹弄管风琴的那封。

斯坦因贬低管风琴的那番话，虽是带点玩笑，却也并非全无根据。“乐器之王”确有他说的那种毛病。在单个音的力度变化能力上，管风琴这个最古老的键盘乐器同最先进的键盘乐器钢琴相比，正好是天上地下。没机会碰管风琴的人，只要去试试幼儿园里的簧风琴，便知道那力度的不能变化，随便你重弹还是轻按仍是那么响是怎么回事了。

管风琴自有它的威力与妙处。它有最能发挥其威力的乐曲，它也有一套不同于钢琴的弹奏法。此其所以斯坦因要小看莫扎特，而一听之下便知道自己有眼不识泰山了。

16. 我俨然成了最了不起的提琴家

前天是阿尔伯特大公殿下的命名日。我们这儿有一场音乐会。……我们以海顿的两首五重奏开始。然后是我弹奏自己作的三首钢琴协奏曲，分别为 C 大调、降 B 大调与降 E 大调。

接着又奏我写的一首三重奏。协奏曲的乐队协奏是辉煌的。

最后，但并非最差的节目是我写的《降B大调嬉游曲》中的一章。那是为弦乐四重奏与两支圆号写的音乐。人们听得出神，张大了双眼。我俨然成了全欧洲最了不起的小提琴家！

——1777年10月6日自慕尼黑寄父

17. 我拉得流畅如热油

……午餐时间，我们有音乐演奏。我演奏了一首交响曲，又拉了一首旺哈尔的《降B大调小提琴协奏曲》。全场听众同声喝彩。

晚餐时候我拉了自己作的那首《斯特拉斯堡协奏曲》。我拉得流畅如热油。对于我的弦音是如此纯净美妙，听众无不为之啧啧称赏。

——1777年10月23日自奥格斯堡寄父

译读者言：信中所说的《斯特拉斯堡协奏曲》即《D大调小提琴协奏曲》（K.218），作于1775年。今天人们喜听的五首莫扎特小提琴协奏曲，它即其中之一。

莫扎特对他自己作的乐曲、自己拉琴的功夫，那种得意之色跃然纸上了！我们听这首流畅之极的协奏曲时，大可想象一下当年在莫扎特的弓下那“流畅如热油”的效果。

“有如热油流动”是他在谈论钢琴弹奏时的妙语（虽然那语感似乎稍嫌俗气）；现在这信中又用以形容小提琴演奏。从中可以揣想他对器乐演奏技法中这一点的重视了。

那么这个乃父是18世纪最有权威的提琴教学家的人，他的小提琴演奏水平到底如何？

很可惜，虽然他曾几次担任过独奏小提琴，演出自作的协奏曲，然而仅此而已。他并未像老莫扎特曾经盼望的那样，成为一位小提琴高手。在小提琴演奏上，他的声名远不如他的钢琴演奏。当然也绝不是平平常常的。有时他可以临场拉一首协奏曲，精彩得连乃父也觉得惊讶；有时还去取代那乐队中拉得不行的首席。

18. 作为“生身之父”，我要亮相

为了款待来访的俄国皇族贵宾，我的歌剧《后宫诱逃》于前日在此演出。

当时我认为，自己应该坐到羽管键琴前去指挥演出。那样做是明智的。那样做，部分原因是需要振作一下那些昏昏欲睡的乐队队员。部分原因则是，既然我此时正巧来到了维也纳，

那么，作为自己“孩子”的“生身之父”，我便可以在贵宾之前亮相了。

——1782年10月19日自维也纳寄父

译读者言：据他夫人1829年回忆，要是乐队演奏得不能叫他满意的话，往往他也会不耐烦地顿足，发脾气。那次演出《后宫诱逃》，乐队把有个地方奏得过分快了，他并不留情，当着满场观众就朝着乐队喊叫起来。

此信中更叫人感兴趣的是关于乐队指挥的情节，足可为乐队指挥这一角色自18世纪以来的演变提供一个例证。

凡有机会欣赏过十年前慕尼黑歌剧院来华演出《费加罗的婚姻》者，不会不注意到一个有趣的情况。每到剧中角色唱起一首宣叙调之际，那位指挥家便放下手中指挥棒，坐到一架羽管键琴前弹起了伴奏。

其实，在莫扎特那时代，指挥手中并无指挥棒。他是一直坐在羽管键琴面前统揽全局的。家书中所谈的正是这情况。那时候的指挥家，除了要为歌手弹宣叙调的伴奏（有时场上另放一琴，此事便交给另一人干了）之外，他主要是弹出和弦以指点大家把握乐中的句读；把那些很长的音奏得合拍；用强调一下拍子重音的办法提示大家统一节拍。如果中间有人把自己声部中的乐句丢了，指挥者还要赶紧代为补上，直到那人重新跟上。

为宣叙调伴奏并不容易。当一段戏剧性强的宣叙调正唱得异常激昂之际，指挥需要全神贯注地把和弦敲在那些关键性的节拍点子上，让乐队适时地紧紧跟上，演奏过门。宣叙调的音调虽然很简单，像说话，但是它那节拍是不受拘束的，所以唱、奏之间要配合稳当并不容易。

19. 我胜任任何一处宫廷乐长之职

我已经三赴意大利。我已经写出了三部歌剧。我是波仑亚协会的会员。在那里，我通过了一场测试。好多属于大师一流的，要满头大汗做上四五个小时才能交卷的试题，我只消一个小时便把它们做出来了。

我可以胜任任何一处宫廷的宫廷乐长之职，这些便是证明！

——1777 年 9 月 29 日 /30 日自慕尼黑寄父

译读者言：莫扎特是在发泄他怀才不遇的愤懑。

被举世闻名的意大利波仑亚爱乐协会接受为会员，是 1770 年间的事，这在一个年方十四的少年来说是值得自豪的。何况那古老的协会对于接受会员向来是十分严格的。

关于此事，他的姐姐南内尔在他身后有一段回忆，可以为此信中所述作一佐证。

她说：当沃尔夫冈按照乐理规则，为玛蒂尼长老出的赋格主题正确地配置了对题，并立即在琴上弹奏出来的时刻，玛蒂尼这位对位法音乐大师，还有在场观看这场会员资格考试的所有乐长们，全都惊讶极了。

20. 作曲便是快乐

只要有机会让我作曲，我便觉得快活得多了。无论如何，唯一能够使我快活而且动情的事便是作曲。

——1777 年 10 月 11 日自慕尼黑寄父

21. 我愿接受一次考试

我这人到底能干什么，对此，卡尔·西奥多选侯一无所知。真不懂这班大人先生为何只相信别人的不实之词，从来不去亲身作个了解。

我愿接受一次考试，让他们把慕尼黑所有的作曲家统统找来，甚至连意大利、法兰西、德意志、英格兰和西班牙的也都找来。我情愿同他们在作曲上来一场较量！

——1777 年 10 月 2 日自慕尼黑寄父

22. 对“青白眼”的敏感

凡是那些听到过我的名声的，待我都颇有礼貌，恭恭敬敬的。但是对我无所知的一些人却瞪着个眼睛看我，显然在心里暗笑。这班人大概是看我身材矮小，年纪轻轻，以为此人干不出什么大事来。

可是，要不了多久，他们就会知道了。

——1777 年 10 月 31 日自曼海姆寄父

23. 上天保佑我别把天才糟蹋在这里

我决心，以上帝的名义，坚持干下去。然而巴黎这地方的生活是同我的天才、意愿、知识与感情全然格格不入的。

上苍保佑我别把我的聪明才智糟蹋在这地方。我但愿现在这种生活不至于拖得太久。

上帝保佑！

——1778 年 7 月 18 日自巴黎寄父

24. 我有那么多东西要写出来

我将搬进去的那寓所快要收拾停当了。此刻我要去租一架琴来用。房子里没琴我可住不下去。不过这新寓仍有不方便之处，尤其是饮食方面。本来，我如果忙着写东西，房东家就推迟开饭，等我高兴时再吃。我写作时总顾不上换衣服便走到另一室去用餐，早晚都是这样。如今我想省些开支，不想叫她们把饭送到我房里来吃；那么就至少要多用一小时工夫换衣服（原先，只是下午我才换衣服），然后才外出，这样一来对我来说就不上算了。因为你是知道的，特别是在傍晚时分，我写得更快些。

在那些我可以去一同吃晚饭的好友家，我们是八点就餐，至迟九点，从不拖到十点。

——1781 年 8 月自维也纳寄父

译读者言：此信使人感兴趣的既有他初到维也纳的生活场景，更有他勤于作曲的情况。据他夫人 1829 年回忆：作曲的时候，他难得用上钢琴。一旦有宏大的乐想在他心里孕育成熟，他便神思飞越。不过，只要已经成竹在胸，他是无须依靠钢琴来写作的。

又据克沙威尔·尼姆斯昔克（F. Xaver Niemetschek）1798年的记述：莫扎特谱写乐曲时，从来不用去碰一下钢琴。当他接受了一部台本要写歌剧之后，他全神贯注于对它的阅读之中，直到自己的想象之火燃烧了起来，才到键盘上去对乐想进行加工发展。然后他坐下便写。这也正是他写作起来觉得那么容易的缘故。

此人乃早期出版的一本莫扎特传记的作者。

从以上两种说法来看，都只是说，莫扎特一旦构思成熟，动笔写作起来是无须再靠钢琴帮忙的。这并不意味着他在运思过程中也不碰键盘。

25. 噪声无碍于作曲

我们楼上住着一个拉小提琴的。我们楼下是又一个小提琴手。隔壁房间里是一个声乐教师在给他的生徒授课。而我们对面那个房间里的人是一个吹双簧管的。

在你作曲的时候，这可真是个好玩的事情，它会给你提供丰富的乐想！

——1771年8月24日自米兰寄姊

译读者言：虽然时间倒回去，但是这组镜头的主题是关于他作曲的情况。此信既是他生活的实录，又可见其对待人生的态度。事实上，这位大天才的那么多作品，有多少是在安静与谐和中作成的？

26. 作曲还是需要安静

一些作品已经预订出去了，可我没法搞完它，因为就连一小时的安静也得不到。

我只得开夜车干，这样一来早上也就起不来了。何况，一个人并不是随时随地有心思作曲的。一天到晚乱写一气，我能；但像那样的货色，一出世也便过时了。我当然不愿意让自己署名于这种作品的扉页上，出我自己的丑。

——1778 年 2 月 14 日自慕尼黑寄父

译读者言：对照上文，那是苦笑，这是愤叹，我们能不感慨系之！

27. 不得不用最快的速度写

你会发现，我给你寄去的只有交响曲的第一乐章。然而我绝不可能再为你多做一点，这是因为我不得不用最快的速度赶写出一首完全用管乐器演奏的小夜曲。

——1782 年 7 月 27 日自维也纳寄父

译读者言：信中所云的这首当时来不及完篇的交响曲，便是我们都熟悉的《哈夫纳交响曲》(K.385)。在其有编号的四十一首交响曲中，有七首是最值得优先听赏的，《哈夫纳》是其中之一。

28. 我更喜欢慢慢地写

我更喜欢的是慢慢地写，深思熟虑地写。

——1783 年 7 月 5 日自维也纳寄父

29. 不情愿为自己受不了的乐器作曲

德·让先生明晨去巴黎，但我只为他完成了两首长笛协奏曲和三首长笛四重奏。因此他只付了我九十六古尔盾（还少四古尔盾，想来他是按照他应该付的两百古尔盾的半数计算的）。不过他应该将稿酬全部结清，因为那是我同温德尔谈好了的。所缺的作品我可以在今后交出。

未能完成全部他订购之作，这并不奇怪，在这地方连一小时的安静都不可得。只得开夜车。何况，一个人并非随时随地都有兴致干活——尤其是，你了解的，要我为一种自己受不了的乐器写音乐，我会弄得一点劲也没有。遇上这情况，我只好写点别的东西作为休息，像钢琴小提琴二重奏之类，或者便写我的弥撒曲。

——1778 年 2 月 14 日自曼海姆寄父

译读者言：信中说的协奏曲是两首长笛协奏曲，即 K.313（G 大调）的和 K.314（D 大调）。它们已成了长笛协奏曲中的经典，每一个长笛演奏家的保留节目。

谈好了的价钱只到手不足半数，这是莫扎特卖曲（即卖心血！）生涯中碰到的种种烦恼的一例。

本例却又牵涉到一件古怪的事情。莫扎特不止一次地在家信中讲到，自己受不了长笛这种乐器。在本信中，所谓使他打不起精神来写曲子的乐器，当然指的就是长笛了。

18 世纪的长笛同如今人们吹的现代长笛是大不相同的，那时的木质长笛上没有现代长笛上这么多的键子。莫扎特去世之年，革新长笛的乐器制造家波姆（T. Bothm，1794—1881）还要过三年才出世。

据说，当时的旧式长笛发音很容易不准，莫扎特不喜欢这乐器，这可能是一个原因。

他到底为什么讨厌长笛，且待“莫扎特学”的专家们去探讨。不喜欢，却终于写了出来的长笛音乐，还是成了我们的珍宝。除了这里讲到的两首协奏曲、一组长笛四重奏和那首《长笛与竖琴协奏曲》之外，还有用在许许多多管弦乐曲与歌剧中的长笛声部。这些长笛音乐之美妙难忘，更叫人不解他何以要声称自己不喜欢这个乐器。不过他本该交付的长笛协奏曲不是两首而是三首，可证他后来没兴趣再写。这当然又成了长笛家和爱好者的憾事。

30. 用拗断头颈的劲头写

11月4日那天我要开一场音乐会。可是我身边连一首交响曲也没带，所以我得赶写出一首新的，要用一种不怕把头颈拗断的劲头拼命赶。我必须在约定的时候把它赶出来！

——1783年10月31日自林茨寄父

译读者言：“莫扎特神话”或“莫扎特之谜”中，最神奇不可思议的，自然是他那作曲的才思敏捷，下笔如有神。音乐从那个安在五短身材上的大脑袋中流泻而出，滔滔不绝。正是因为写得多、快、好，在短促得如同朝露的三十五个年头中

（还要扣除他开始写第一首乐曲的五岁之前的那几年），仅仅是收录于正式曲目中编上了作品号码的，便从第 1 号一直排到了第 626 号！

实际上不止此数。不过有一些是不幸早已迷失；有一些竟是胎死腹中，本来要写而终于未动笔，原因是迫于生计，没空闲为艺术而艺术，不能把时光精力虚耗于无人订货或是写了出来不能保险有销路的作品上。

既然擅长即兴演奏钢琴是他的一绝，那么那些即兴而成的音乐，自然也没有列入“626”之中吧？

他的作曲天才超群绝伦，那是不容怀疑的。然而，如果认为他作曲全凭天授，作来毫不费劲，那却是流传甚广的误会。家书中透露了有助于澄清事实的情况。

信中明明告诉人：他宁愿从容地写，并不想总是一挥而就；然而他又经常不得不在恼人的干扰中写作，不得不放下尚未完篇的交响曲，去匆忙赶写一首为贵人们娱乐遣兴的小夜曲。

穷而后工，天才虽在压力之下也不会浪费的，家书中提到“用拗断头颈的劲头”于四天之内赶写出来的，正是那首《林茨交响曲》（K.425），像上文中提过的《哈夫纳交响曲》一样，《林茨》也是他最好的交响曲之一。其中虽然听得出海顿昆仲的影响，但这部作品热情迸发气度宽宏，从整个来看是表露了他的个性风格的。听起来并未留下任何潦草粗糙的痕迹。一想到“四天”那写作时间，我们唯有感叹而已！

31. 情愿少收几个学生

在这儿，靠收学生赚学费为生并不那么容易。

其实我倒宁愿少收几个。但你可别以为我是偷懒。不是的！只因为把时间精力花在教课上完全不利于施展我的天赋，也不适合我的生活习惯。

你知道我是如何地沉浸于音乐之中，从朝至暮，无时或息。我一心一意构思作品，钻研作曲，学习，思索。

——1778 年 7 月 31 日自巴黎寄父

译读者言：当时他困居巴黎，痛慈母之亡，而又谋生无计，偏偏老父又来信责其荒惰，所以他才有这一番自辩。

32. 拿到歌剧台本之后

前天，小斯特万尼拿给我一部歌剧台本，要我谱写，这是个土耳其情节的戏。剧名叫做《后宫诱逃》。所以我打算把它的序曲、第一幕与终场的合唱写成土耳其风格的音乐。

——1781 年 8 月 1 日自维也纳寄父

译读者言：拿到台本才两天，他已经从大处着眼，对全剧音乐的风格特色与重点作了构想了。由此可见他对写作之认真不苟，也见出他歌剧写作过程的特点。

维也纳这座欧陆名都曾被土耳其人兵临城下，险遭攻陷，时在1529年。可是到了莫扎特时代，所谓“土耳其风”的音乐，却成了一种时髦的东西。不但莫扎特和贝多芬都先后写了《土耳其进行曲》，而且在莫扎特那首《A大调小提琴协奏曲》（K.219）的末章中，也有一段突如其来的土耳其风音乐。

土耳其风音乐仿佛成了一种提神吊胃口的调料。那时候的羽管键琴上专有一个踏板，用来操纵琴内的鼓、钹，制造一种喧闹气氛，以模仿“土耳其风格”，也可见时人对它是多么感兴趣了。

33. 我再也写不下去了

我再也无法往下写了。由于写了那么多的宣叙调，我的手指头都写疼了！

——1770年10月20日自米兰寄母

译读者言：据约瑟夫·朗格1808年回忆说：“当其忙于写作一部重要作品时，再没有比这时的他更不像个大人物的了。

不单是讲话没条理，前言不搭后语，而且不时地突然同人开个玩笑，人家真想不到这种话竟会出自他的口中！

“说实在的，这时的他简直是忘乎所以了。但是看上去又并不像是在沉思什么问题的样子。我觉得，他要么是故作轻浮举动来掩饰自己内心的激动，但何必要如此，又令人莫解；要么他便是从那神圣的乐想和粗鄙言行的尖锐对比之中感到快意而自得其乐吧。

“我理解像他这样不凡的艺术家，出于对艺术的无限崇仰，是会得情愿自视为卑微渺小、微不足道，从而不惜将自己贬为一个可笑的角色的。”

约瑟夫·朗格不知何许人。但他这段回忆实在是精彩不过，他的观察可以传神，他的分析也绝非一般的皮相之见。大有助于我们想象出莫扎特在孕育伟大作品时的精神状态，从而他那天才人物的特殊气质也活灵活现了！

这境界是很高很深的，但我们可以像朗格一样有所理解。

莫扎特夫人1829年的回忆中有一段可以同朗格的话相印证：“如果有宏大的乐想在他头脑里活动，他就会进入忘我之境，在房里来回踱步，身边的一切他都视而不见、听而不闻了。”

34. 一切就绪，只待写出

得了，我得结束这封信。因为，此刻我必须用拗断头颈的劲头来写曲子。《伊多梅纽》第三幕的音乐在我心中已经一切就绪，只是尚未写下来罢了。

——1780 年 12 月 30 日自慕尼黑寄父

译读者言：对照前面他夫人的回忆和这封信中的自白，可以知道，“作”与“写”在莫扎特是怎样的一种过程。一切就绪，只待落墨于谱纸之上。那已成熟的音乐当然是储存在他这位天才的大脑里。

这两件事，他甚至可以同时并举：一面在谱纸上写下某一首作品，一面又在心里头构思别一首。

更神的是，那种在谱纸上涂写“黑豆芽”的动作不但机械得叫他感到厌苦，而且在速度上大大落后于他头脑里的思维的进行。难怪他在家信中三番两次发出“拗断头颈”这种怨声了。

附带一提，他，还有贝多芬，其所以都爱好在键盘上即兴演奏（也便是即兴谱曲），显然也是因为，那种把心中乐思迅即化为音声，是非常痛快的创作与发表方式罢？

35. 钢琴部分存在我心里

今天（写此信时已是夜里十一时）我开了一场音乐会，演出了我的三首作品——当然是新作的了。一首回旋曲是为布鲁耐提写的。一首小提琴伴奏的钢琴奏鸣曲是为我自己演奏用的。这首乐曲我昨夜十一时到十二时之间刚刚写出来。由于要赶写出来，我只把小提琴伴奏的部分替小提琴手布鲁耐提写了出来，至于钢琴演奏部分，还存放在我心里没写出来。还有一首是咏叹调，为切卡来利写的。此曲他在听众要求下又来了一遍。

——1781 年 4 月 8 日自维也纳寄父

译读者言：此信中的三首作品，分别为 K.373、K.379、K.374。这封信中的有趣之处不止一点。首先是又一次证实其作曲之神速——当然这也是迫于音乐会举行在即，不能不赶出来。而举行预订入场券的个人音乐会，是他当时生活来源的重要部分。

又一点是他那非凡的记性。因此他用不着把自己要登台演奏的钢琴部分写出来，存在“脑库”里，临场背奏就行。

这种有趣的把戏，他玩过不止一回。

据巴布迪斯与舒亚德合写的一本《莫扎特轶闻》上说，有一回，宫廷开音乐会要他出个节目，他便出场演奏了一首钢琴曲。在场的奥皇约瑟夫无意之中看到了他正弹着的那份谱子，惊讶地发现，那上头只有谱表，却并无音符。皇上便问他："莫扎特，你弹的在哪儿？"

"在此。"他按了按自己的前额。

看来，这一则轶闻也可能便是这封家书中所述的"传闻异辞"而又搀上些"文艺性"吧？

此信还有一点，值得下一注解。

"小提琴伴奏的钢琴奏鸣曲"（sonata for piano with violin accompaniment）是怎么回事？说来有趣，现在叫作"小提琴奏鸣曲"的乐曲，原先却是这种叫法，是17至18世纪通行的。不过，在钢琴盛行之前，同小提琴搭档的是羽管键琴。早期的这种奏鸣曲中，小提琴声部常常的确像个陪客。

但到了莫扎特手里，这两件乐器便以平等身份相处，互为宾主了。

如果再抠一下字眼，那么，"accompaniment"这个词在从前并不相当于"伴奏"这一中文词语。比方，巴赫有一部《六首以小提琴助奏与"伴奏"的羽管键琴奏鸣曲》，今人也许要把那题中的两个乐器互换一下位置。但是更为恰当的观念却是让它们相处于比较平等的地位。

19世纪以来，人们把舒伯特的艺术歌曲中的钢琴部分，或是瓦格纳乐剧中角色歌唱时的乐队部分都看成、说成，也听成“伴奏”，论者认为是一种需要予以调整的观念。

36. 用“复调思维”谱曲

寄上一篇《前奏曲与三声部赋格》。

对你的来信未能即复是因为写这些小小的音符太累人了，害得我不能把乐曲快一点完成。

写得那么费劲，结果还是弄得不成样子。本该前奏曲先作，赋格后作，可是我先把赋格作了出来，然后一边写到谱纸上一边把前奏曲想出来。

——1782 年 4 月 20 日自维也纳寄姊

译读者言：不能不令人拍案称奇的又一例！这其实是一种复调式的思维与动作，也就是心与手的“二重奏”！

从音乐的角度来想，这却又是并非不能做到的，所以，不能以“自神其说”视之。然而又只有像莫扎特这样有超人不止一等的禀赋的人，才能那样举重若轻地干出来吧。

人们有机会听赏这首《C 大调前奏曲与赋格曲》（K.394）的时候，切莫忘了它是在怎样的一种奇异的精神活动状态中被创造出来的。

还可作为补充与印证的是他夫人的回忆：

“如果一篇作品已经在心里头安排妥当了，那么他并不需要到钢琴上去加工，摊开谱纸便写起来。在写的中间他会说：‘亲爱的妻，麻烦你重说一遍刚才说了些什么。’我的话并不会打断他手里的工作。他写得那么快，赛过我写一封平常的书信。

莫扎特有本事在各种各样情况下谱曲，是有文献可征的。有一组为两件木管乐器作的十二首二重奏（K.487），那手稿上分明地自注着：沃尔夫冈·阿玛多伊斯·莫扎特，维也纳，1786年7月27日作于玩滚木球之戏时。

有一幅版画，画的是台球桌旁的莫扎特。侧身倚桌，若有所思。画家想捕捉的正是他在作弹子戏中灵感忽来、神思飞越的情景。但如果读画者不了解莫扎特作曲的特点，也就不知作画者构思之妙了。

37. 改短不难，加长难办

昨天去了拉夫那儿，把为他写的那首咏叹调交给了他。我要他老老实实告诉我他的想法，如果不喜欢，或是觉得它同自己的嗓音不合适，我会做一些改动，哪怕重作一首。

拉夫答道：“老天不答应！就照这样子别再动它。不可能写得比这更好了。不过，请把它弄短一点，因为，我如今已经唱不大动了。”

“非常乐于从命。”我说：“我倒是有意写长一点的。你知道，要改短并不难，加长可就不大好办了。”

——1778年2月28日自曼海姆寄父

译读者言：莫扎特作起曲来似有神助，这只是他的一个方面。对自己的作品，他又是虚怀若谷很乐于琢磨加工的。特别是当那首曲子是特为某位歌手而作的话，他是不厌加以剪裁的。

从此信中又可知，他宁肯改短而不喜拖长。

甚至有这样的情况，对于有分量的作品，为了演出上的需要，他也不惜另起炉灶，重作一次。此类事例中最出名的即重写那部《c小调弥撒曲》（K.427/417a）。他把这部两年之前未曾完篇之作改写为一部交声曲（K.469）。

他也曾打算将1771年作的一部神圣剧改制为新的清唱剧。可以想见，艺术作品神圣不可侵犯，不能改动的观念在他是并不存在的。

38. 天生我材就是要当个宫廷乐长

如果不收学生，我的生活维持不下去，虽然那是我很不情愿干的一种活儿。

有两个好例子。我收了两个学生，每一家我去了三次。一个学生不在家，我就没有再去。我宁肯出于善心白教，尤其那学生是有才能的，迫切想学习的。然而要我不得不按时上门，或是呆在屋里等学生，那我做不来。不管付多少钱我都不干。还是让那些除了弹琴之外别无他长的人去干这一行吧。我可是个作曲的。何况天生我材就是要当个宫廷乐长的人。

说实话，我宁可不弹琴只作曲。弹琴在我只算个副业；虽然，感谢上苍，那是个相当不错的副业。

——1778 年 2 月 7 日自曼海姆寄父

39. 少收学费有碍名声

眼下我才只收了一个学生，伦伯克伯爵夫人。还可以多收几个，假如我降低学费的话。不过那样做会有碍我的名声。

我是按照每教十二课收六个杜卡特收费的。

与其收六个学费出得少的，我倒不如要三个出钱多的。教一个学生，算起来正好收支相抵。在目前这样也就过得去了。

——1781 年 6 月 16 日自维也纳寄父

40. 如果缺课，学费照付

每晨六时，理发师来叫醒我，到七时，梳洗完毕，作曲到十时。给丰·特拉特纳太太上一课。十一时赴伦伯克伯爵夫人家授课。我天天上门，除非她们有通知才不去。但对此我并不乐意。我跟这位夫人讲定，不能缺课。如果去了学生不在，学费照付。

——1781 年 12 月 22 日自维也纳寄父

41. 精打细算收学费

现在我手里有三个学生（除了已提及的那一人，还有约瑟夫·奥恩海姆小姐）。

这样每月可收费共十八杜卡特。我现已不再按十二课计算而是按月收费了。这是从吃亏当中得了教训。那些学生往往会一连好几星期缺课。故此，不管上不上，她们得付我六个杜卡特。

按此价，本来还可多收几个学生。但我只想再添一个，四个也就够了。那么可得二十四个杜卡特，也就是一百零二古尔盾，二十四个十字币。

——1782 年 1 月 23 日自维也纳寄父

42. 每天的工作排得满满的

从上午九时到午后一时，我给学生上课。跟着便进午餐，除非有谁邀我去吃饭。

下午五至六时的那段时间，我没法写东西，而且就在这以后我也常常因为要上音乐会去耽误了作曲。假如没有被别的事情打断，便可一直作曲到九时。

然后，便去探访我亲爱的康斯坦查。虽说这种相见之欢总是要被她母亲那种难听的话破坏。

十时半，也可能十一时，回自己寓所。这又要视其母是否出语伤人和我能容忍的程度而定了！

由于举行音乐会的时间并无一定之规，说不准突然有什么地方召我前往参加，所以我晚间不可能安心作曲。我的习惯（特别是在能够早些回寓的情况下），上床就寝之前，我总要写点东西。写到一时是常事。次晨六时，仍旧起身不误。

——1782 年 2 月 13 日自维也纳寄父

43. 搞得我手忙脚乱

我有那么多事要干，常常搞得手忙脚乱。每日的上午全都用在教课上了，直忙到二时方罢。然后才能吃午饭。饭后，我总得让自己那可怜的肠胃有一个钟头的工夫消化消化。这样一来，唯有到夜里才好作曲。然而这也没有定规，因为我被找去音乐会演出是常有的事。

——1782 年 12 月 28 日自维也纳寄父

译读者言：写了上一封信之后三天，他便在如此不顺心的情况下完成了共有六首的一组弦乐四重奏。这是他郑重、诚挚地奉献给约瑟夫·海顿的，是音乐史上的美谈。

这两个相差二十四岁的大师成了忘年交。年少者从老前辈的作品中汲取了丰盛的滋养，而又青出于蓝；反过来，老海顿又向可畏的后生学习，在垂暮之年勇猛精进，留下了炉火纯青之作。

海顿当着众人向老莫扎特赞许他那天才的儿子，那一番话的真诚恳切，读来令人感动；而心比天高的莫扎特，以“四重奏之父”的作品为典范，潜心揣摩，写出了这一组成熟的室内乐作品，不曾拿它去取悦贵人，而是题献给了“我最挚爱的朋友”。

从这篇题词手稿上可以看到，这是他用流利的意大利文写的。值得注意的一点是，似乎是为了同曲名、题词等所用的意大利文取得一致吧，连“约瑟夫·海顿”这名字中的“约瑟夫”也按照意文写成“Giuseppe”。

这一组力作即K.387、K.421、K.428、K.438、K.464、K.465，是他个人和其室内乐创作的一座里程碑。他自称这是“长时间加上刻苦工作的果实”。这不是信口说说的，原稿上留下的痕迹、大量废而不用的速记稿，可以为证。

44. 半夜上床，黎明即起

这几天，不到半夜不能上床。五时半，甚至五时就又得爬起来。这是为了赶到郊外的奥加腾公园去参加在那里举行的露天音乐会。

几乎天天如此。

——1784年5月6日自维也纳寄父

45. 忙忙碌碌的一天

今天上午我干得如此起劲，直干到午后一时半。于是，飞快地奔往霍弗尔那里，免得独自一个在家吃午餐。一吃好饭马上回来又写。直写到快要上歌剧院的时候方才住手。

洛特格伯爵央我再带他去看一次歌剧演出，我便这样做了。

——1791年10月8日自维也纳寄妻

46. 又是辛苦忙碌的一天

此信写于夜深十一时。只有到这时间我才得闲。每天八时之前无法起床，因为我睡的这间房在底层，不到八时半室内见不到天光。有了亮光，于是急忙起身梳洗。十时，坐下作曲，一直写到十二时或十二时半，我上长笛手温德林那里去。在他那边写到一时半便吃午餐。三时我去曼彻斯特旅馆去给一位荷兰军官上课，教课内容是如何写作华丽轻快乐曲和通奏低音的乐理知识。教十二课我应该可以拿到四杜卡特的报酬，假如我没弄错的话。到了四时，又得返回住处，给主人家的女儿上课。可是在四时半之前上不成课，得等着上灯。六时我上卡纳比希家，教他女儿罗莎小姐，呆到吃晚饭，饭后谈谈天，偶尔也有人弹弄音乐。

——1777年12月20日自曼海姆寄父

译读者言：我们只有为天才的被糟蹋而叹惜！据他夫人1829年的回忆，他时常是一直坐着写到夜半后，黎明时分又得起身，经常如此。她认为这也是莫扎特的身体终于垮下来的一个原因。

47. 我并不感到意外

看了我的歌剧《伊多梅纽》等作品，这儿的人们是何等地惊喜赞叹，我真没法向你说明，然而我倒并不感到意外。

我可以确实地告诉你，当我去排练场的时候，泰然自若，就如同到哪儿去参加一次聚餐一样。

有位森昔姆伯爵这样告诉我："老实对你说，虽然我原来对阁下就期望甚高，可真没想到你的歌剧会如此精彩。"

还有一位拉纳姆也说："我必须诚心诚意地承认，从来不曾有什么音乐给我造成这样深刻的印象。而且你可以相信，这叫我一再地想起了令尊，想着要是他能够听到这部歌剧，他将会如何的高兴！"

——1780年12月1日自慕尼黑寄父

48. 你是个人才

在前天的宴会上，皇上给了我最高的称赞，还说了这样的话："你是个人才，这是毫无疑问的！"

——1781 年 12 月 2 日自维也纳寄父

49. 这样的人百年难得一遇

康尼兹伯爵前日同马克西米连大公谈起我的时候说："像莫扎特这样的人，是百年难得一遇的。可不能让他被排斥于德意志之外，尤其是我们已经幸而把他留在了维也纳的时候。"

——1782 年 8 月 17 日自维也纳寄父

50. 忍气低头求一职

神圣罗马帝国最尊贵最仁慈宽宏的亲王、主公大人：

既然宫廷风琴师 C. 阿德加塞患病在身，难以继续任职，承蒙大人恩准我为您效劳，我谨谦卑地请求您赐我担任此职。

最恭顺地听命于大人的仆从　沃尔夫冈·阿玛多伊斯·莫扎特

——1779 年 1 月致萨尔茨堡大主教

51. 情愿奉上微不足道的拙作

有幸同您再次相见，极感欣慰！

我早就有个心愿，想向您的最受尊敬的亲王奉上一些自己的微不足道的作品。为此，谨附上近作曲目一份，敬请亲王阁下从中任选几首，当即将谱奉上。只要亲王需要，今后当将所有新作送上。

再者，我冒昧向亲王殿下提供一个想法，恳请您，我的朋友，代为陈述。鉴于大人拥有一支管弦乐队，想来他会需要我专为他谱制在宫廷演奏中所用的乐曲。以我愚见，那是会让他非常满意的。假如大人慷慨地吩咐我每年提供若干首交响曲、四重奏，为各种乐器演奏用的协奏曲，或是别的合乎大人心意之作，并且赐予一笔固定的年俸，那么他将会获得更为迅速更为满意的效劳。只要预订作品这事能确定下来，我便可更加安心工作了。

——1786 年 8 月 8 日自维也纳致温特尔

译读者言：收信人 S. 温特尔同莫扎特家相熟，他是信中所云的那位符腾堡亲王手下的贴身近侍。

莫扎特在附件中不厌其烦地开出了一大批作品的主题目录。其中包括《哈夫纳》《林茨》在内的交响曲四部，另外两部交响曲属于萨尔茨堡时期之作，即K.319与K.338。钢琴协奏曲四首（K.451、K.453、K.456、K.459）。还有他不久前刚完成的三篇室内乐作品，即《降E大调小提琴奏鸣曲》（K.481），《G大调钢琴三重奏》（K.496），《g小调钢琴四重奏》（K.478）。

读他的这类信，低首下心，卑辞求告，真叫人为他难受。也不禁会联想到中国古代的例子，如韩退之的《上宰相书》。

52. 糟糕的排练

我为这里的圣灵音乐会写了一首交响曲，已于6月18日基督圣体节演出中大获成功。

演前排练之际我情绪紧张异常。有生以来还从未见过如此糟糕的排练。你想象不出他们是怎样稀里糊涂地只排过两遍便认为可以了事了！

我吓坏了，很想要求他们再来一遍。但要排练的节目太多，只得罢了。

——1778年7月3日自巴黎寄父

53. 为省开销只得单干

这里的情况不佳。但是后天我要开一场预订入场券的音乐会。这是为一些友人、爱好者和鉴赏家举行的，全部节目由我一人包办。如果雇一支乐队共同演出，那就得多开销不止三个金路易。谁知道这笔钱我上哪儿弄去！

——1778 年 10 月 15 日自斯特拉斯堡寄父

54. 有彩声无实惠

前信已告诉你：我要在 17 日那天开一场所谓音乐会。在此地举行音乐会，那情况甚至比萨尔茨堡还糟糕。这事当然已成过去。

我独自一个演奏所有节目，没请什么乐手帮忙，这么干我至少是无所损失。长话短说，我总共只得了三个金路易。主要的收获只是“了不起！”“好极了！”这样的此起彼落的喝彩声而已。

本来我巴不得马上离此他往，人们劝我还是留下到星期六那天再开一场盛大的音乐会。我照他们的话办了。可是叫人既吃惊又反感，同时也是斯特拉斯堡人之羞的是，我这场音乐会的全部所得，还是上回那数目。

其实，卖倒是稍为多卖了点钱，然而，乐队、灯烛、看门的、印海报的和门口伺候的，种种开销加起来，一笔相当可观的数目！

为了让本地这些大人先生明白我是多么不在乎他们，我故意弹奏了很长时间，其实仅为自娱而已，比答应要弹的节目多出一首协奏曲，末了又即兴弹了好一会儿。

嗯，这已经过去了——至少，我赢得了名声与荣誉。

——1778年10月26日自斯特拉斯堡寄父

55. 大主教害得我损失一百杜卡特

前不久曾在信中告诉你，大主教成了我在此地施展才艺的一大障碍。这样说是因为他害得我至少损失了一百杜卡特的进账。因为那本来是我肯定能从音乐会中取得的收入。怎能不是这样呢！

女士们都自愿参加分发入场券。可以有根据地认为，当我昨天在那场为救济孀妇而举行的音乐会上，维也纳人是非常喜欢我的演奏的，我不得不从头再来一遍，因为掌声始终不肯停下来。

好吧，现在公众都知道我这个人了。假如举行一场个人音乐会，照你看我能收入多少呢？

——1781年4月4日自维也纳寄父

56. 我能踢掉上千的古尔盾吗？

就因为某个心怀恶意的亲王日复一日地找我的麻烦，又只发我四百古尔盾的一笔狗屁薪俸，我便踢掉上千的古尔盾吗？如果能自己开音乐会，肯定会有那个数目的收入。

上一回我们在宫邸里开那场大音乐会，大主教只给每人发了四个杜卡特。就为开那场音乐会，我为小提琴手写了一首回旋曲，为我自己演奏用写了一首奏鸣曲，还为歌手切卡雷里写了一首新的回旋曲，可是结果我分文未得。

最叫我气得要命的，凑巧在开音乐会的那一晚上，我接到了图恩伯爵的邀请，当然没法去。但谁将在场，除了皇帝陛下！有两位歌手去了那儿，每人拿到了五十杜卡特！

——1781年4月11日自维也纳寄父

57. 我不想同谁分享所得

昨天我参加了奥尔海默尔的音乐会。来宾之中有图恩伯爵夫人（是我邀的），斯维腾男爵，哥德纳斯男爵，改宗基督教的犹太富豪卫茨勒，弗尔米安伯爵。

我同约瑟夫合奏了我写的双钢琴协奏曲。那是我特地为这场音乐会写作的。

不用说，切卡雷里是愿意跟我合作开一场音乐会的，但他做不到，我不想同谁分享所得。

——1781 年 11 月 24 日自维也纳寄父

58. 心中无数令人烦恼

再没比心中无数不晓得将会出现什么情况更令人烦恼的了。这也就是现今我在筹划举行个人演出中的处境。任何一个想办此事的人也都会面临这种情况。

去年，皇上曾有意于在大斋期间继续演剧，说不定今年他会如此实行。好吧，我总算已经把开音乐会的日期定下来了（假定那天不演戏），即大斋期的第三个礼拜天。但如果能提前两周知道皇上的决定就好了。不然的话，全部计划会付之东流，也许我就会白下了本钱！

——1782 年 1 月 23 日自维也纳寄父

59. 策划自己的演奏会

今年夏季，维也纳郊外的奥加腾公园中天天有音乐会。有个名叫马丁的人去冬曾组织了一系列的爱好者音乐会，每逢星期五举行。你知道，维也纳是拥有大量爱好者的。其中不乏相当出色的人才，男女都有。可惜的是这方面的活动至今未能好好地组织起来。好了，现在这个马丁已经领到了皇帝给他的特许状，准予在奥加腾公园开十二场音乐会，还允许他在市中最壮观的广场上演出四部小夜乐。整个一夏天全部活动的票价是两杜卡特。

你不难想见，将会有为数众多的订票者，尤其因为我对此次活动有兴趣而且参与了。设想我们就算仅有一百位订票的吧，那么我们经办者即可每人获利三百古尔盾了（即令一切开销达到二百古尔盾，而那是非常不可能的）。斯维腾男爵、图恩伯爵夫人对此举都极感兴趣。我们的管弦乐队全部由爱好者组成，大管、小号与定音鼓的演奏手不是。

——1782 年 5 月 8 日自维也纳寄父

译读者言：这几段书信，岂仅是提供了莫扎特个人为了名声，更为生计而策划进行演出活动的情况而已；同时也让我们知道了18世纪欧洲社会音乐活动的一些具体情况。

其实，也正由于这种音乐文化从宫廷、教堂走向市场、家庭的演变，才会有海顿、莫扎特和贝多芬等等的脱下身上的号衣，成为多多少少有点儿自主性的音乐家。

18世纪的欧洲，在若干音乐文化中心的城市中，带着商业性的音乐会活动一步步地繁荣了起来，前面一信中的“圣灵音乐会”即出现在巴黎的一个演出机构。约请莫扎特写了那首虽然草草排练却仍然赢得如雷掌声的交响乐的，就是“圣灵音乐会”主持者勒·格罗其人。

相当于法国这一组织的，在莱比锡有“大音乐会”，后来便以“格万豪斯音乐会”（“布业大厅音乐会”）驰名于世。1789年5月12日莫扎特也曾在其中表演过独奏。

可惜这类组织当时还不普遍。乐人们要表演，仍然只得等着宫廷、豪门贵族家演出的机会，博取一笔赏赐。更好一点便是自己来开音乐会，自负盈亏。这样做，场子、本钱、时机都会碰到种种麻烦。“自由艺术家”无有多少自由，马丁其人正是想把商业性的音乐会活动在维也纳开展起来的一个歌剧剧作家。信中说到他举办的“星期五音乐会”，场子在一家旅馆里。奥加腾则是一所皇家园林，原为皇家财产，到奥皇约瑟夫二世时，他在1775年将其改为公用场所了。

信中所云的“小夜乐”这种体裁的乐曲，莫扎特写得相当多。它是用一支乐队来演奏的，不是我们常常听的独唱、独奏的小夜曲，而是情调大不一样的热闹音乐。它原来是为游园、吉庆活动助兴的场景音乐。

60. 除非莫扎特上台演奏

大斋期间的后三个星期三，我将在屈拉特纳家举行三次订票的音乐会。目前订票者已经有一百，再增加三十也并非难事。票价为六古尔盾。年内我还有在剧院举行两场音乐会的可能。

你会想到，应该演奏些新东西。于是也就得写。下面开列的是所有演奏活动的一张单子。

——不过我得赶快告诉你，我忽然要举行这许多音乐会是怎么回事。

乔治·弗里德里希·里希特这位钢琴名手打算举行六次演奏会。贵人们订了票，可是他们又告诉人，他们其实不太想去听，除非莫扎特也上台演奏。于是里希特便邀我加入了。我只应许了去弹三次，另外安排了三次是我单独开的。

——1784 年 4 月 3 日自维也纳寄父

译读者言：屈拉特纳乃一位富有的书商与出版家。莫扎特在单子上一共列出了二十二场演奏会，而这是在五周之内进行的。地点不一，大多在一班显贵之家，例如俄国亲王加里青，约·埃斯特海齐伯爵等等。其中包括几场最引人注目，当然也是令他踌躇满志的活动：

“4 月 17 日：我的首次个人演出。

4 月 21 日：我首次在剧院演出。

4 月 24 日：我第二次个人演出。

4 月 30 日：我第三次个人演出。

5 月 1 日：我第二次在剧院演出。”

61. 值得夸耀的订票数字

我把这些音乐会的订票者名单寄上供你一阅。仅仅我个人名下的便比里希特和费希尔两人加在一起还多三十人！

——1784 年 4 月 20 日自维也纳寄父

译读者言：这份名单上有一百七十四人。其中有数不胜数的亲王们、公主们、伯爵们、伯爵夫人们，还有一位主教、一位西班牙大使。

62. 最引以为荣的是人们绝无倦态

三次订票音乐会一开，我名声大震！在剧院举行的那场最是大获成功。我为音乐会写了两首辉煌的钢琴协奏曲和一部木管与钢琴五重奏。后一曲赢得的赞赏极为热烈。我最引以为荣的是在这些音乐会上听众绝无倦态！

——1784 年 2 月 10 日自维也纳寄父

译读者言：音乐之精彩动人，听众之听得入迷，莫扎特之留神与得意，都在最后一语中道出！

信中所云的协奏曲即 K.450、K.451，五重奏即 K.452。

63. 那夜一个音符也不曾写

饭后，图恩老伯爵以音乐款待大家，由府中乐人演奏了一个半小时。这样道地的娱乐，我在此天天都能享受得到。每日午餐之后，在他家总是有乐可赏的。也就在次日，一架制作优良的钢琴搬进我房中，你会自然而然地想到，我绝不会一晚上不去碰它的。不仅如此，顺理成章地，我们这几个来宾便玩起了一首四重奏。如此一来，那一夜我便连一个音符也不曾写。

——1787 年 1 月 15 日自布拉格寄约昆

64. 宫廷演出与鼻烟壶

那日，饭犹未毕，来了通知，要我次日去宫中演奏。在德来斯顿这可是不寻常的。此地难得有机会听到演奏。你也知道我并没想到要在这里的宫廷演奏。

在旅舍中，我们自己几个人凑起了个四重奏，上教堂去演奏。同我一起演奏的有台伯尔（你知道他是本地的管风琴师），还有克拉夫先生，埃斯特海齐亲王家的大提琴师。他们父子俩都在这里。

在这场小小音乐会上，我介绍了自己作的三重奏，那是为普赫伯格先生写的。奏得相当不错。

第二天在宫中，我弹的是《D 大调协奏曲》。次晨我收到一个漂亮极了的鼻烟壶，随后，我们上俄国大使那里午餐。在彼处我弹了不少曲子。饭后大家同意去弹管风琴，四时去了教堂。

——1789 年 3 月 16 日自德来斯顿寄妻

译读者言：据资料，鼻烟壶中不是空的，也无鼻烟，塞在里面的是杜卡特。这种赏赐方式，当时常见。

65. 合奏者害得我肚子疼

在本地行政长官家午饭之后，我弹了两首协奏曲，又即兴弹了一些东西。然后便在一首哈夫纳德的三重奏中拉小提琴声部，要我再多拉些什么，我倒很乐意，只是合奏者太不行，害得我肚子疼。

等我们从剧院回来以后，我又弹奏起来，直到开晚饭时方才住手。

——1777 年 10 月 16 日自奥格斯堡寄父

66. 向知音者欣然卖弄

爸爸可想得到，接着交响曲后面我们演奏的什么？咳，是一首三架钢琴的协奏曲！教堂管风琴手德莫勒尔弹第一钢琴，我第二，斯坦因先生第三。

然后是我独奏，弹了近作《D 大调奏鸣曲》，那是为德尼兹男爵作的。继而是我的《降 B 大调钢琴协奏曲》。接下去我又独弹了一首，是有管风琴曲风味的《c 小调赋格曲》。

弹过这个，出人意料地，来了一曲漂亮得惊人的《C大调奏鸣曲》，凭脑子弹，没谱子。再饶上一首回旋曲，我才住了手。

此时掌声如雷，久久不绝。惊喜莫名而又无话可说的斯坦因先生光知道不停地龇牙咧嘴地扮鬼脸。至于德莫勒尔先生，一个劲儿地笑，想停也停不下来。

——1777年10月24日自奥格斯堡寄父

译读者言：自赏自夸的得意之情，他眼中所见的一座倾倒的现场情景，真正知音者之间交流共鸣的热烈气氛；此信应该收入洋《世说新语》！

信中提到的作品，不可不将曲码注出，让大家在倾听这些作品时好好联想此信中情景。

《三钢协奏曲》即K.242。

《D大调奏鸣曲》即K.284。

《降B大调钢琴协奏曲》即K.238。

可惜，那首“漂亮得惊人”的《C大调奏鸣曲》却不好指实为哪一篇奏鸣曲。也许是K.309。

67. 骏马与宠物

昨天卡纳比希那儿有一场音乐会。全部节目都是我的作品，除了第一个，是他自己的一首交响曲。

他女儿罗莎小姐弹了我的《降B大调钢琴协奏曲》。作为调剂，跟着是拉姆先生第五次演奏了我写的双簧管协奏曲。那本来是我为费兰迪斯写的。此曲轰动了曼海姆，也成了拉姆先生胯下的“骏马”。

这以后，阿洛西亚·韦伯小姐极为动人地演唱了我写的咏叹调。我接着弹了自己的那首老作品《D大调钢琴协奏曲》。弹这个，是因为它已成了此地人们的宠物。

在由我即兴弹奏了半小时之后，韦伯小姐又唱了一首我写的咏叹调。人们高声喝彩。

最末了演奏的是我写的一篇歌剧序曲。

——1778年2月14日自曼海姆寄父

译读者言：信中所云作品，曲码如下：

《降B大调钢琴协奏曲》，K.238。

《双簧管协奏曲》，K.314。

《D大调钢琴协奏曲》，K.175。

歌剧序曲，K.208。

68. 一场座无虚席的音乐会

23 日我那场大获成功的音乐会，有关情况无庸多说，无疑你早已听到。再说一点也便够了：剧院中挤得不能再挤了，包厢全满。

节目如下：

1. 新作的《D 大调交响曲》。

2. 咏叹调，选自我作于慕尼黑的歌剧《伊多梅纽》，由郎格夫人演唱。

3.《C 大调钢琴协奏曲》，乃预约出售的一组协奏曲中之三，由我自己独奏。

4. 独唱曲，是我为波马加腾伯爵夫人作的，由阿姆伯格演唱。

5.《D 大调小夜乐》之第三乐章。

6.《D 大调钢琴协奏曲》，我自己弹。

7. 独唱曲，选自我作于米兰的一部歌剧，台伯尔小姐演唱。

8. 我即兴弹一首不长的赋格曲，这是因为皇上在场。而后我又为歌剧中的一首小曲弹了变奏，受到“再来一遍”的欢呼。于是我便取格鲁克歌剧《麦加朝圣》中一曲主题弹了变奏曲。

（缺 9。需要看手稿。）

10. 新作《D大调交响曲》的末章。

——1785年3月29日自维也纳寄父

译读者言：《D大调交响曲》即《哈夫纳交响曲》K.385。《C大调钢琴协奏曲》即K.415。节目之四的独唱曲，K.369a。《D大调小夜乐》K.320。《D大调钢琴协奏曲》K.175。

69. 你真该看看听众的惊喜之状

3月30日，我又在一场音乐会中登台。这回是台伯尔小姐举行的音乐会。皇帝陛下再次驾临。我弹了钢琴协奏曲。听众要求再来一遍其中的末章回旋曲。我又坐了下来，但并不重弹那一曲，我独奏了另外一首作品。

你真应该看看听众们对这一意外的节目是如何惊喜的场面！

——1783年4月12日自维也纳寄父

70. 客满与空场

前日这儿又有一场盛大的音乐会，由艺人社举办。我出场弹了一首协奏曲，阿德伯格演唱了我写的回旋曲。

这一场节目昨天重演。不过我的节目换上了一位小提琴家拉的协奏曲。前天的音乐会场内客满，昨日却空空如也。我应该补充的是，那位小提琴家在此乃是首次演出。

——1783 年 12 月 24 日自维也纳寄父

译读者言：读他这种向乃父报道自己成功的信，从那常人之情中还似乎可以看出有一种孩子气的天真。

他的成功并不仅仅因为他的演奏技艺高超，主要还是他的作品把听众俘获了。其中，钢琴协奏曲更是让他显身手、扬名声的重要节目。

演奏与作曲合二为一，固然是 18 世纪的音乐风习，也是势所必然。那时候还不可能有下一世纪那种分工、专业化。莫扎特倚恃其天纵之姿，为自己的演出源源不断地推出新作。那种演出现场上的新鲜感之迷人是可以想见的，当然也是今人难以享受到的。

而这些钢琴协奏曲又恰恰是莫扎特作品中的精华所在，是可以同他的歌剧、交响曲、室内乐并列而无愧的。

其实他的成功还要加上一种因素，他最充分地发掘、发扬了当年方兴未艾的一种新兴乐器的功能，即现代钢琴。尽管他当年所能运用的不过是只有五组音的键盘，音域有限，音量也远逊今日之器；但是经过从 1709 年以来七十余年的“进化”，钢琴已发育成一件强有力多功能的工具，足以让莫扎特向他的坐满音乐厅的知音者传送他那妙绪无穷的思维与情感了。

钢琴演奏又可以让他发布自己的最新作品，这便又为推销乐谱起到最好的广告作用了。难怪他对于抄谱防偷一事是那样地小心在意。钢琴奏鸣曲更适合富贵人家仕女在沙龙中习玩与表演的需求，而这也多亏了钢琴这种乐器的日益普及。

当然了，对于那时和后来的作曲家来说，最有名利可图的还是歌剧那玩意。歌剧发展到那时，已成了上至王公下至贩夫走卒市井小民无不喜闻乐见的一项娱乐。凡是有才能的音乐家，哪个不指望从写作歌剧中获利?

歌剧在莫扎特的全部杰作中是大文章。在古往今来的歌剧作家中，他也是无人可与之比肩的大手笔。在他一生中时时算计着期盼着的也是写作歌剧。

但是要将一部歌剧成功地写成上演，谈何容易！其中的艰辛是难以想象的。下面的家信，反映的主要便是有关这一方面的情况。

71. 只要你能保证它上演

我要取得写作一部歌剧的委托并非难事。但我对芭蕾师诺维瑞说，只要你能保证它一写出来就能够上演，并且告诉我，我所能拿到报酬的确实数目，那么我就继续在此地呆下去，三个月之内把它写出来。

当时我不好一口回绝。不然的话，人家还当我缺乏自信。

诺维瑞不能接受我所要的价钱。其实事前我就清楚，他接受不了，因为那并不是此地通行的价钱。巴黎人是这样行事的：歌剧一写成，就进行排演。如果排演中发现它不会受法国人欢迎，那么它是不会拿去上演的。作曲者也就白忙了一场。假如人们觉得它不错，那才上演。给作曲者的报酬要视卖座情况而定。不管怎么说，那可是没准儿的。

——1778年9月11日自巴黎寄父

72. 一封谈交易的信

我不辞冒昧把自己的最后决定奉告阁下，因为我不可能在这种不肯定的情况下逗留下去。

我愿以二十五金路易之代价写一部莫诺剧，留在此地两个月，以便安排各项与其有关之事，参与各次排演，等等。但不论出现何种情况，酬金必须于1月份付给。再者，我当然可以指望自己在上演时免费入场。

我的男爵，你懂得我只能如此。只要认真考虑一下，便会承认我是非常慎重行事的。

你这本戏，我乐于为之配乐。但是考虑到为这种戏剧作曲要用双倍的功夫，那么阁下当能同意，没有二十五金路易的代价我是难以承担下来的。更令人为难的是，诚如你已示知的，格鲁克和希淮策尔他们也已经在着手为此剧作曲了。然而，即便可以假定你情愿出五十金路易，我作为一个诚实的人，还是要毫不含糊地奉劝你放弃此举。

一部戏剧，其中居然一个男女歌手也没有！何等离奇的想头！

不过话又说回来，只要它现在有演出的希望，我是仍然不辞为你效劳的。只是这件活儿并不轻松，那是我可以用自己的名声向你发誓的。

行，我已如此坦诚无隐地把自己所考虑的都说清楚了。请尽可能从速作出决定为盼！

——1778 年 11 月 24 日自曼海姆寄达尔伯格男爵

译读者言：才不过二十岁出头，他已经精明老练得能同艺术商贩们谈交易了！

这笔交易没有结果，其实从信中的口气看，也是不出他所料的。

“莫诺剧”（monodrama）同“配乐话剧”（melodrama）基本上是一种东西，不过也有其特别之处。剧中只用一个角色，故此也不妨称之为“配乐独脚戏”。

卢梭写过一部《皮格马里翁》（*Pygmalion*），本达也有同名之作，都用的这形式。20世纪，勋伯格也利用过这形式。

其实还有一例，离我们更贴近些。柏辽兹的《幻想交响曲》人所共知，但它还有个人们罕闻的续集《莱柳》。如欲尝其一脔，可翻开其名著《配器法》(作品10)(中译本第170页)。它正是一部莫诺剧。

73. 就是手里有台本也不能动笔

就算我现在手里有一部歌剧台本，还是不能动笔，因为洛森伯格伯爵不在京城。如其到时候不同意这部作品，我即使把它写了出来也会荣幸地徒劳无功。

——1781年7月16日自维也纳寄父

译读者言：在维也纳，要想自己写的歌剧得以通过，顺利上演，那么在动手写之前，他得小心宫廷歌剧院中那个专横的监督官的审查权。信中的洛森伯格就是其人。

74. 打算自费演出

我是愿意写一部歌剧的。这倒并非满足于把一百杜卡特装进自己口袋，看到它上演三到十二场就算了。

我的打算是自筹经费演出。那么我就能从三场演出中净得一千二百古尔盾，然后，演出者可以出五十杜卡特的代价取得演出权。假如他们不肯买，我仍然能够拿到什么别的地方去演。

——1782 年 10 月 5 日自维也纳寄父

75. 歌剧作品的市价

请告诉瓦雷斯科，他可以拿到的份子是四百或五百古尔盾。按此地规矩，第三场的收入归剧本作者。

——1783 年 5 月 7 日自维也纳寄父

译读者言：信中的瓦雷斯科就是歌剧《伊多梅纽》台本作者。

莫扎特把酬劳的价格估计过了头。实则五百古尔盾这个数目超过了他本人应得之数。通常剧作者所得不会比作曲者所得之半更多。

在 1786 年，洛仑佐·达·蓬特从《费加罗的婚姻》中得酬大约为二百古尔盾。1787 年他从《堂璜》一剧中所得是二百二十五古尔盾（五十杜卡特）。

此信中所云之歌剧《开罗之鹅》，后来并未能完成作曲。

当时在维也纳，歌剧作者的付酬是要作为个案商谈，并无固定价码的。1782 年莫扎特从《后宫诱逃》的成功演出中得了一百杜卡特，即四百五十古尔盾。1786 年的《费加罗的婚姻》、1787 年的《堂璜》，他也各得一百杜卡特。1791 年的《蒂托的仁慈》，得二百杜卡特。1790 年的《女人心》，人家付给他的估计也是这数目。

可知，写歌剧的确是个有厚利可图的交易，然而也是一种麻烦的交易。

76. 一共只有六把小提琴

《伊多梅纽》的排练进行得极为顺利。一共只有六把小提琴，但必需用的木管乐器还是有的。排练时除了西奥伯爵的妹妹和年轻的图昔姆伯爵之外，闲人免进。

下周今日还将再排一次。届时我们会在第一幕的音乐中用上十二把小提琴（现已为此抄写了加倍份数的分谱。到第二次重排时也将这样）。

——1780 年 12 月 1 日自慕尼黑寄父

77. 抄谱误了排练

《伊多梅纽》的第一、二幕今天下午要在伯爵府中重排一遍。随后只在房间里把第三幕排一下，我们便径直上剧院里去。排演之所以一次又一次地往后推，是被抄谱人耽误了。

——1780 年 12 月 16 日自慕尼黑寄父

78. 选侯微服听排演

第二次排练已经像上次那样进行过了。下周六，两幕再一起重排一下，所异者地点改在宫廷大厅中。这也正是我盼想已久的事。

排练换地方，乃是因为在伯爵府的排练场旁边没有什么靠得比较近的房间，而选侯大人想要微服来此，坐在邻室中听听。

卡纳比希对我说："我们可得拼命干！"上回排练，他出了一头的汗。

——1780 年 12 月 19 日自慕尼黑寄父

79. 选侯赞我“了不起”

星期六那场排练是精彩的，地点在宫内一间宽敞的房间里，选侯也到场了。这次我们把乐队全部用上。排完第一幕，选侯朝我大声喊道:“了不起！”

由于大人拿不准他是否能听很久，我们只是把那首加木管助奏的伊里亚咏叹调跟第二幕头上的雷雨一场排了一遍。

——1780 年 12 月 27 日自慕尼黑寄父

80. 演出再次延期我反而开心

最新消息:《伊多梅纽》的上演再次延期一周。不到 27 日那天——提醒你，我的生日——不会彩排。而正式开演的日子是 29 日。

何故？估猜可能是因为这样能让西奥伯爵省下几百古尔盾。

我倒反而开心。这样一来，给了我们更多时间好好排练。

——1781 年 1 月 1 日自慕尼黑寄父

81. 嘘声与彩声交响

《后宫诱逃》昨天再次演出。真难叫你相信，捣蛋的比第一天更起劲。整个第一幕是在嘘声的伴奏下进行的。

可是他们还是压不住人们对咏叹调的喝彩声。

——1782 年 7 月 2 日自维也纳寄父

译读者言：为了把一部歌剧演成功，莫扎特还得为排练中碰到的种种麻烦伤脑筋，连事前要把乐队用的分谱及时抄好备用这类琐屑之事都得考虑周全。

但是顶伤脑筋的还是宫廷中同行们的捣乱。即便戏已上演，作曲家还得准备着听那“嘘声的伴奏”。

82. 幕后的捣鬼

安伏西的一部歌剧前日举行首演。除了我写的两支咏叹调以外，演出完全失败。这两首中的第二首，歌手还不得不返场重唱。

我愿让你知道，有些朋友真是够坏的，居然事前散布消息，说什么“莫扎特想从别人的戏里混水摸鱼捞一把”！听到这个我便送了个信给宫廷剧院监督洛森伯格伯爵，告诉他，除非在演出说明书上用德、意两种文字出如下声明，我决不交出我写的咏叹调。

声明：这两首咏叹调，系大师莫扎特先生之作。原因是大师安伏西先生原作乃为另一歌手所谱，与此次登台之歌手嗓音不甚适合。指出这一点是必要的。如此则荣誉归于应得者，也无损于那位名声卓著的那波里人之大名。

好，声明登了出去，我也交出了咏叹调。这一来我本人和我妻姐歌手朗格夫人都大为增光。我的对头们栽了个大跟头！

再来谈谈萨列里玩的鬼花样吧。这事对于阿丹伯格的伤害其实更胜于我。记得曾告诉过你，我为阿丹伯格写了首回旋曲，好让他插在安伏西的歌剧中唱。在排练的间歇中，萨列里把阿丹伯格拉到一边，告诉他，如果他把这首曲子插进去，洛森伯格监督是会不痛快的。说自己完全出于友好的心意才提出忠告。

阿丹伯格虽然恼怒却又不知如何对付，竟以一种不合时宜的傲态愚蠢地表示说，那就不唱算了。结果如何？不出所料，演唱别人作的另一曲时遭到了完全的失败，他为此感到内疚。可是已经晚了。假如他今天再问我讨那首曲谱，我会拒绝他。我将把它用在自己的歌剧里。

——1783 年 7 月 2 日自维也纳寄父

83. 不出所料掌声大作

我得为圣灵音乐会的开演提供一首交响曲。快板乐章中间有那么一段，我预感到听众肯定会对它感兴趣。演出时，奏到此处，听众果然听得出了神，紧跟着便爆发了如雷震耳的掌声。写作的时候，对于作品会造成何种效果，我是心中有数的。

到乐曲的结束处我又用上了这一段。此时听到喊声："Da Capo！"（译者注：从头反复）

我写的行板乐章同样讨人喜欢。不过最受欢迎的还是最后的快板乐章。

考虑到巴黎这地方的交响曲作品，首尾两乐章都喜欢以乐队全奏开始，而且一般是用的齐奏；因而我这篇的一开头只用了两把小提琴，一连八小节都是弱奏。但紧接着便来了个强奏。不出我所料，当乐队轻奏时听见有人说："别作声！"一到那强奏出来，立即掌声大作！

——1778 年 7 月 3 日自巴黎寄父

译读者言： 当你倾听信中所云的这首《巴黎交响曲》（K.297）之际，无论如何应该想想它首演时的现场情景，既要设想自己为场上听众，也要设想自己是那个密切注视听众反应的莫扎特。

莫扎特满怀得意地报道了这场18世纪的音乐会中的精彩镜头，乐感、史感都妙极了！

那时他奉母来到这音乐之都求名谋职。人生地不熟，碰了不少钉子。但他有自知之明，自信在作曲上绝不低似巴黎那些红得发紫的人物。他潜心体察听众心理，而又不屑随波逐流、一味迎合，这在其他信中也有例证。

从信中也可见出当时音乐会的风习。在交响曲、协奏曲的乐章之间，甚至演奏中间，听众听得心痒，大鼓其掌，大声喝彩，都是很自然的事。这虽然同后来的文明规矩大不一样，但其情不自禁的热烈情绪倒也可证其为真心爱乐，用心在听，也无拘束无顾忌地发表自由评论、作出反应。

莫扎特固然乐于看到听众毫无倦态、悉心静听，他也赏识这种毫不作伪的表态，并不摇头。

84. 听众的肃然令我又惊又喜

剧场听众对我作品的反应，前信已告。不可不补充的是，对于他们那种由于真心的激赏而肃然无声，那情景最是令我何等的又惊又喜！

还有，当我在弹奏之际送进耳中的“了不起”的惊叹之声。在维也纳这地方，这可真是够荣耀的了。要知道，钢琴演奏在此地是高手如云呵！

——1781 年 3 月 8 日自维也纳寄父

85. 两种听众

沙勒恩伯爵是真懂得音乐的人。在我演奏中，他自始至终不停地叫好。而另外的一些贵人们不然，他们不是掏一撮鼻烟，便是擤一下鼻子，咳几声，要么索性交头接耳聊了起来。

——1777 年 10 月 2 日自慕尼黑寄父

86. 唯一的消遣

我唯一的消遣是上剧场去看戏，真盼望你能来这里看一场悲剧演出。一般地说，我不知道有哪里的剧院能把它们演的戏都真正演好。然而这里却做到了这一点。每个部分，即便最无关紧要、剧本中写得贫乏的部分，他们都安排了恰当的角色，细心研究过了。

——1781 年 7 月 4 日自维也纳寄父

87. 重视舞台效果

告诉我，你是否觉得《伊多梅纽》第三幕中的幕后语声嫌长了点？请仔细想想这问题，在心里悬想一下台上情景。要记住那声音应该是可怖的——应该是尖厉刺耳的——应该让观众相信那声音是真有其事。好吧，怎么才能达到这种效果呢？假如那段话太长呢？那便会使观众越听越觉得没意思。

如果《哈姆雷特》中那个鬼魂讲话不那么长，给观众的印象就会更加深刻。缩短那段话其实也很容易。这样做所得大于所失。

——1780 年 11 月 29 日自慕尼黑寄父

译读者言：除了本行的音乐，他最感兴趣的是戏剧艺术（话剧、诗剧、哑剧）。这同他对歌剧的热爱与精通当然大有关系。这也可以说明他的歌剧何以能写得那么成功。

他绝不是只懂得音乐，只注意歌剧中的音乐方面。他也不单是非常关注作品的戏剧性效果，在提供机会让歌手发挥演技这上头，他是很喜欢动脑筋的。

18 世纪那时的欧洲，歌剧同话剧二者之间的联系比后来更为密切。维也纳的同一个演员，今天夜里演话剧，明天晚上又去唱歌剧，并非不常见之事。

值得我们了解的是，莫扎特对于演剧也颇有兴趣。至少，在狂欢节与假面舞会中扮个哑剧角色，他是兴致勃勃的。更有意思的，他竟也想过写剧本。他曾构思过一出戏的情节大纲。剧名是《一个萨尔茨堡的无赖汉在维也纳》。此外还写过一部三幕喜剧的草稿，剧名《爱之考验》。

芭蕾舞、舞会、假面舞会、节日游行之类的活动，他都饶有兴趣地去观看、参与、评论。

88.《天方夜谭》与莎士比亚

我们住在罗马时的那位女房东，送我一部《天方夜谭》作为赠礼。意大利文的，读起来有趣极了！

——1770 年 7 月 21 日自波伦亚寄姊

午饭过后，弗尔米安伯爵赠给沃尔夫冈一部九卷本的梅塔斯塔西奥作品集。都灵版的，装订得极其漂亮。你不难想象，对这件礼品，我同沃尔夫冈都是喜不自胜的。

——老莫扎特 1770 年 2 月 10 日自米兰寄妻

译读者言：莫扎特文化修养如何？这是我们崇拜者很想知道的一个问题。

据他夫人1829年的回忆：他喜欢看书。通过译本，他对莎士比亚的作品是熟悉的。有一部他爱读的书还保存在我手中，是九卷头的一部大书。（访问康斯坦查者说，她不愿说出这是什么著作。猜想是有关法国大革命的书，而这在当时是奥匈帝国明令禁止的。）

然而当莫扎特去世后登记入册的遗物中共计有书籍四十一种。除了《圣经》以外，有历史、地理、政治、旅游、数学、自然科学与哲学方面的书。其中有弗列德里希大王的著作，有摩西·门德尔松的《论灵魂不朽》；上述的那一部说得有点神秘的大书，书目中却并没有。有关音乐的书不过两种：克拉莫主编的《音乐杂志》（1783—1787）、尼·福克尔编的《德意志音乐年鉴》（1782—1784），都属于新闻报道性质的资料，并非什么理论著作。老莫扎特那部当时和后来都为世人所重的小提琴教学理论，竟也不在存书之内。

诗歌、戏剧类的书在存书中占了显著地位，那倒是不奇怪的。从中可以发现维兰德（C. M. Wieland）与梅塔斯塔西奥的书。

有些是英文或意大利文的，但并没有法文与拉丁文的，只除了《圣经》和一本法国地图册。

虽然有手抄的古罗马诗人的诗和莫里哀的喜剧，甚至还可找到法国戏剧家波马显之作，但都是德文译本。

康斯坦查说他熟悉的莎士比亚德译本，书目中并没有。

当然，仅仅根据一个人的藏书目录，是不好确定其到底读了还是没读过什么书的。

以莎士比亚作品而论，其实也用不着以他夫人的话为据。从那封1780年11月29日的家信中可以得知，至少他对《哈姆雷特》是熟悉的。他曾两次在信中提到此剧。

想来他并不是一个爱读书的人，这不难从他的并无多少闲暇来推定。检阅一下他的书信，提到书本的话，其中是很少的。

信中的那部九卷本大书的作者，梅塔斯塔西奥是维也纳宫廷诗人，在诗歌与歌剧台本的写作这两方面他都很出名。

89. 莫里哀的作品

弗里多林·韦伯先生送我一部莫里哀的喜剧著作，因为他了解到我尚未读过。他在书上题道：收下它吧，我的朋友！赠此以示感谢之情。愿你有时记起我！

——1778年4月24日自巴黎寄父

90. 这是伏尔泰的报应！

那个不信上帝的头号大坏蛋伏尔泰像一条狗似地一命呜呼了，这是他的报应！

——1778年7月3日自巴黎寄父

译读者言：我辈虽敬莫扎特如神，读此信却不能不觉得可笑可叹！

伏尔泰这位伟大的头脑、捍卫人间正义的斗士，以八十三高龄扶病远行，从国外返回曾将他放逐了的巴黎。

他的堂堂地凯旋和5月30日之巨星陨落，造成了全法国全欧洲的一次大震动。

莫扎特正好于4月23日之后开始了他的巴黎之旅。

有人想解释他这种反应，把十二年前的旧事同莫扎特的幸灾乐祸之心作了联想。1766年夏，莫扎特一家人在日内瓦逗留之际，持着随身带的介绍信去叩伏尔泰的门，想拜见一下当时避居该地的这位大名人。结果是吃了闭门羹。

也有人注意到，莫扎特是隔了个把月才向家人报道这条大新闻的。写这封信的那一天，正是他可怜的母亲客死巴黎之日！而其爱子虽然当即向萨尔茨堡的友人约瑟夫·伯令格透露了此讯，但要拖延了一个礼拜他才敢告诉老父。可见他对伏尔泰的怒气，还有这种个人不幸的感情上的因素。

问题的症结当然不在这里，而在于他的宗教信仰、文化教养，对政治、人文的看法。这就不是一个可以简单化地加以评说的问题了。

91. 名人维兰德速写

我把维兰德先生列入了友好人名录。不过，他对我的了解并没我对他的了解多，他还从未听过我的作品呢。

我所见的他，同自己想象中的颇不相似。他给人的印象就像他讲话那么弱不禁风，声音像个小孩子。不住地从眼镜上边打量你。爱讲一些不客气而又沉闷的话，时而又夹杂着傻乎乎的谦虚。

不过对他在这儿有这种举止我倒并不觉得奇怪，虽说在魏玛或其他地方他大概不会这样。因为此地人睁大了眼睛看他，如同看一个从天上下来的人物。在他面前，人人显得无所措手足，没哪个有胆子说一句话，或是随便走动一步。人们竖起了耳朵听着他讲的每一个字。可怜的是，大家常常不得不等上那么久。因为此人讲起话来有个毛病，说得慢吞吞的，说上五六个字就得停顿一下。

除了这些，他仍然是我们大家都了解的那个极有才智的人物。他相貌奇丑，一脸的麻子，鼻子也嫌长。至于他的身材，我想，要比爸爸高一点儿。

——1777年12月27日自曼海姆寄父

92. 维兰德对我着了迷

维兰德（译者注：用密语）先生已经听过两回我的作品，所以他已经对我着了迷。最近一次见面，在如同倾盆大雨般的恭维话中他对我道："能够在此地发现你这样的人才，实在是一大幸事！"说到这里，他紧紧地同我握了手。

——1778年1月10日自曼海姆寄父

译读者言：莫扎特真不愧为工于刻画塑造人物的歌剧大师！从书信中他对人的观察与描摹看，可知那并不是凭空得来的本事。

从信中的口气，又可以感觉到他那种心高气傲不屑于向大人物低首下心，也看不惯庸夫俗子拜倒在名人面前的性格。这又可联想后来贝多芬同歌德发生在魏玛的那件事。维兰德正是歌德之友，德国文人中的知名之士，一生著作甚丰，第一个用散文体译莎剧为德语的也是他。莫扎特的《魔笛》，台本是用他写的一部荒诞故事作为基础的。

93. 不是塞维利亚的理发师

萨尔茨堡的理发师——不是塞维利亚的，来我这里，带来了你、姐姐同卡什尔的关怀。

——1782 年 10 月 19 日自维也纳寄父

译读者言:《塞维利亚的理发师》是法国戏剧家波马显写的轰动一时的名剧，作于 1772 年，1775 年在法首演。莫扎特 1778 年逗留巴黎时很可能看过演出。

信中的诙谐言语，叫人联想到他是看过或读过此剧的。

94. 话里有话

拉夫来到勒·格罗这儿，我们同席共餐。

其实这同其他事无甚关系。说到它，无非要让你晓得，在巴黎这地方，人们也是坐下来吃饭的，同别处一模一样。

老实讲，在勒·格罗家的这顿饭，同我要叙述的有关在音乐之旅中我同咖啡店与鼓手们的交情的事也全无关系。

次日我又去了。那儿有封韦伯的信，拉夫捎了来的。倘我希望够得上被称作一位史学家，那我就应该在此处把此信的内容硬塞进来。说真心话，我也非常不情愿对它避而不提。可是我又不该写得太冗长。简洁，才是值得称赞的。你看，我的信便是如此！

第三天，我上拉夫家里去谢了他。这样做是因为，讲礼貌是良好的行为。至于谈了些什么我倒不记得了。

那位史学家必定是个非常蠢的家伙。他竟不懂得弄些假话放进去——我的意思是，不妨来一点小说家言。

——1778 年 7 月 18 日自巴黎寄父

译读者言：这是一篇可以见出莫扎特性情的妙文。表面看来像是油嘴滑舌的孩子在乱扯一气，不知所云；要读出话里的话，还须考证一下当时之人与事，而那也是值得一说的。

18 世纪，欧洲音乐文化如潮之涌，不光表现在作与演上，评乐、论乐、报道音乐生活、编纂音乐词典等等，也急速地繁荣了起来。英国有伯尔尼其人，是用文字记述自己周游各国所见所闻音乐风习的一位乐史家。这种音乐游记有好几大卷之多。今天的人能了解当时音乐生活中的具体情节，多亏此类记录。有些读来饶有趣味。乐史家也常引以为证。

有人分析，莫扎特此信中那些似乎在无的放矢的幽默，可能是在暗射伯尔尼写的东西。可能他是很不耐烦伯尔尼的唠叨与琐碎吧？其实，当时人以为何必多说的事，后世人则唯恐其语焉不详。

95. 但愿姐姐也在罗马

我但愿姐姐也在罗马就好了。我想这座城市必定会令她喜悦。圣彼得大教堂，以及罗马的许多好东西，都那么整齐。

——1770 年 3 月 14 日自罗马寄姊

96. 对建筑艺术的印象

这地方的修道院的本身并未给我留下多深的印象。因为，假如你见过克来姆斯门达特的教堂的话，那才叫好看呢！

——当然，我说的只是它的外观，还有那个本地人称之为“院子”的地方。我并没有去看那些最出名的部分。

——1778 年 12 月 18 日自凯泽西埃姆寄父

译读者言：据他姐姐 1800 年回忆：“1767 年我们一家在俄尔姆茨的时候，即便是那样小小年纪，他已经显出对各方面的艺术家的兴趣。每一位我们在旅途中认识的画家、雕刻家、作曲家等等，都对他的智力发展有所启迪。而他自己也珍惜这种机会。”

又据他夫人 1829 年的回忆：“他喜爱绘画和雕塑艺术。他自己也能画一点。真的，他在艺术上是无所不能的！”

虽然有他亲属的这些说法，可惜书信中提及他对美术欣赏的话头寥寥无几。

97. 教皇要来

我要告诉你一个消息：教皇据说要驾临维也纳。满城都在谈论此事，我却不相信。因为科本策尔伯爵说是皇上会谢绝这次来访。

——1782 年 1 月 9 日自维也纳寄父

98. 两条新闻

我要告诉你，昨天下午三点半，教皇驾到。一条有趣的新闻！

不过我要再说一个坏消息你听：丰・奥尔汉莫尔太太到底

还是把她那可怜的丈夫给折磨死了。昨天傍晚六点半死的。

——1782 年 4 月 23 日自维也纳寄父

99. 一个坏女人

埃斯克勒斯是个能够离间皇上与俄宫关系的女人，这是无疑的了。前天她已被带到了柏林。这是为了让普鲁士国王有个好陪伴。这女人真正是个头号的母猪！

——1782 年 9 月 11 日自维也纳寄父

译读者言：对于当时社会上的各界新闻，看来他的兴趣有限得很，这在他书信中是个微不足道的话题。

当时发生的所有政治事件，哪怕是像法国大革命这样惊天动地的事变，好像他都视而不见，听而不闻。

不过我们也应该代古人设身处地想想，小心慎言是明哲保身之道。你看他这个共济会的会员连共济会的事信中也绝口不谈，然而这正是他应该严重关注的问题。

更可以解释他何以不涉及某些话题的一个看法是，当法国大革命于 1789 年爆发之际，莫扎特的主要通信人——他老父已经在两年之前亡故了。

的确，从 1789 年 7 月往后，从他的有一些书信中仿佛可以叫人感到他那时有什么难言的心事压在他心里。

1790 年他在赴法兰克福途中写信给妻子，1791 年康斯坦查去巴登疗养时他写的许多信；我们也不好指望他除了私人生活问题以外再谈别的。同时，人们也应该记住，这段时间他也实在是忙得很，《魔笛》正在写作中。

从他信中只是偶尔发现一些本地风光的传闻。至于被他唾骂的犹太女人之事，那是涉及奥皇约瑟夫二世同俄国女皇叶卡德琳二世举行秘密会晤一事遭到泄露的一桩丑闻，而他的关注此事也并非仅仅出于好奇之故。因为他的好友，一个在宫里当侍从官的人，卷进了这场纠纷。莫扎特也相信其时盛行的一种说法，认为这个叫贡德勒的人是为自己的情妇所卖，是坏女人埃斯克勒斯从贡德勒弄到了两皇密晤的情报，把它传给柏林方面了。

几年之后，此女获得了赦免。

100. 战场消息

有关战争之事不知你有所闻否？这三天来我忧伤已极——对，那又何关我事？但我是如此敏感，所以不管什么事情我都感兴趣。

听说，皇上吃了败仗。据传是普鲁士国王突然袭击了马克西米连大公指挥的部队，据说是奥军方面死了两千人。皇上亲自带了四千人马赴援，但被迫后撤。

还有一种传闻，说是普王发起攻击，皇上身陷重围。如非劳东将军率领一千八百名胸甲骑兵来救，他会束手就擒也说不定。这一仗，一千六百胸甲骑兵被歼，劳东将军本人也中弹身亡了。不过在报纸上并未见到这种报道。今天倒看到报上说，皇上以四万之众入侵萨克森。是否可信，不得而知。据报载，在一场萨克森人与克罗地亚人之间的小规模战斗中，其名为霍夫加腾的萨克森掷弹兵上校战死，人们深为哀悼云。（译者注：信中的皇上、普鲁士等人名均用暗语。）

——1778 年 7 月 20 日自巴黎寄父

101. 再谈战况

现在来谈谈战事。据我所知，我们快要同德国人谈和了。普鲁士王相当恐慌，看来如此。从报上看到，普军袭击了皇家部队，但克罗地亚军与胸甲骑兵的两个团就在邻近地方。一听到出了事即来支援，反击普军，使其处于夹攻之中，缴获大炮五门。

普军入侵波希米亚的那条道路，已被完全堵死并且破坏了，所以他们已无退兵之路。波希米亚的农民尽其所能地使普军大吃苦头。而且由于士兵不断开小差，他们更是狼狈不堪。

这些情况可能你早已知道，而且比我们更清楚。但我也可将本地新闻向你奉告：法国人已迫使英国人后退，虽然那里的战事并不激烈。最值得注意的是，不论是我们的朋友还是敌人方面，阵亡者不过百人。不管怎么说，还是在巴黎这儿造成了欢欣鼓舞的情绪，别的事无人注意。

也有关于英法即将媾和的报道。就法国这方面而言，此事反正不关我的事。但是如果在德国能停战言和的话，那我将是非常开心的。

——1778 年 8 月 7 日自巴黎寄萨尔茨堡友人

译读者言：滞留法都，又正遭丧母之痛，心情抑郁寡欢。此时他无心作曲，却对政治情势，至少是对战争与和平的问题一度显得颇为关注了。絮絮而谈的这几封信，读来蛮有意思。他所谈的战事，是当年在普、奥两方之间爆发的一场似乎可以说是不痛不痒的战争。打起来的由头之一是巴伐利亚王位继承之争。普王弗列德里希大王联合了萨克森，入侵了属于奥匈帝国版图的波希米亚。

至于英法之战指的是法、美联合，法军开赴北美同英国人打的一场小战。这支法军的指挥者是那位后来出现在法国大革命舞台上的辣斐德将军。

102. 我是一个彻头彻尾的英国人

是的，我已听说了，英国人在直布罗陀打了胜仗。我对此也极为高兴。没别的原故，你当然清楚，我是一个彻头彻尾的英国人！

——1782 年 10 月 19 日自维也纳寄父

103. 搞艺术不去旅游是可怜的

那些搞文化艺术这一行而不作旅游的人，实在是可怜虫。我要断然地宣布，大主教如果不答应我每工作一年便让我外出旅行，那我恐怕不能受他的差使。

一个平庸之辈，无论其是否有出游的机会，到头来终究还是个平庸之辈。可是一个才智出众的人（并非狂妄自大，我不否认自己正是这种人），如果老是呆在一处地方，那他将会与草木同腐。

——1778 年 9 月 11 日自巴黎寄父

104. 邮递马车上的困乏之旅

我愉快而且高兴地到达了这里。愉快，是因为一路平安无事；高兴，是因为没经过多少耽搁就到了目的地。路程虽短，乘车却非常不舒服。的确不舒服，我向你保证，整整一夜车上没哪个想打个盹。哎，把人颠得都快灵魂出窍了！何况那座位又其硬如石。

这已经过去了。不过也让我得了教训：与其乘这样的邮递马车，还不如步行的好。

——1780 年 11 月自慕尼黑寄父

译读者言：这位大天才是个劳碌命！

有人为他算了一笔账：在其总共 13097 天的有生之年（也即 35 年 10 个月零 9 天）中，竟有 3720 天（也即 10 年 2 个月零 8 天）是在旅行中度过的。

他访问过（或至少在该地度过一些时光）的地方不少于 202 个城镇。如果按照地名头一个字母的次序来排它一下，可以从“A”排到“Z”，即从德国的亚琛（Aachen）到瑞士的苏黎世（Zurich）。如果从地理上说，便是北起荷兰的阿姆斯特丹，南抵意大利的庞贝城废墟，西到英国伦敦，东到奥地利的维也纳。

尽管那18世纪的交通不便，旅途辛苦，莫扎特还是觉得出游四方对他大有必要。这是因为，他可以从中获得一种激发、促进其才艺的动力。

在那个时代，乐谱记录方法虽然已比前代进一步精确完善，但作品的印制、流通仍然受到种种条件的限制。莫扎特想多读一些巴赫、亨德尔等巴洛克巨匠的作品，只好上一位斯维腾男爵家去，借看他收藏的乐谱。

除非直接上教堂、歌剧院、宫廷与富贵人家的私人音乐会去听赏，当时的音乐家眼界是有限的。莫扎特假如一生都局促于萨尔茨堡，没有机会漫游全欧各地，那么他也就不可能有那种取精用宏、融欧洲音乐之精华于一身的成就了。萧伯纳评论莫扎特，说他是一个总结者。总结也就包含了纵横两个方面。

然而又不尽然，情况并非是一律如此的。老巴赫的活动半径小得可怜，然而，“小溪”接纳百川，汇流而成了“大海”！

游历各地，接触各色各样人士，开眼界，见世面，识人情世故；莫扎特所吸收的滋养决不仅仅限于音乐上的。可能，“行万里路”弥补了他无暇“读万卷书”的缺憾吧？

105. 我生活在这样的地方

我生活在一个音乐艺术不得不为自身的存在而挣扎的地方。虽然除了那些已离此他往的，这儿仍然有出色的音乐教师，尤其是绝顶聪明的作曲家，他们有学问，有赏鉴力；但是一说到剧院那便很可怜了，原因是缺少歌手。

——1776 年 9 月 4 日自萨尔茨堡寄玛蒂尼

106. 这不是我的用武之地

我多么厌恨萨尔茨堡这地方——这倒并非只是因为我们父子受到不公正的待遇。那当然也就足够叫人想忘掉它，将其从记忆之中永远抹掉了。但，我们还是不谈这方面的事吧。

移居别处，日子过得愉快幸福，那是我最想望的。恐怕，你会误以为我是嫌这地方对于我太小了吧？那就大错了。以目前情况而论，你不妨暂且满足于如下的解释，即萨尔茨堡不是我施展才艺之地。

首先，专门的音乐家在此地是不受器重的。其次，一个人在这里无乐可听，没有剧场，没有歌剧院。就算他们真想搞一个歌剧院，谁去唱？这五六年来，萨尔茨堡的管弦乐队始终是既无用而又多余。人很多，需要的人才反而不足，必不可少的更缺。情况就是如此。

去物色一位乐长来主持工作，那将对局面的改观大有好处。现在却没有这样的人。

尽你所能去帮乐队找一个屁股来吧，那正是他最最需要的！乐队目前有个头，这不假，然而这恰恰是它的灾难所在！

——1778年8月7日自巴黎寄伯林格尔

译读者言：乐长是有一个的。其人叫多门尼科·费斯切第。由于无能，从1776年起，他便成了个挂名的乐长。

107. 什么都是，又什么都不是

只有你，我挚爱的父亲，能够把萨尔茨堡的苦味冲淡。我深信，今后也将如此。

但我还是要坦白地承认，假如不是想起了自己是个在宫廷里当差的，我就会带着轻松的心情回到萨尔茨堡了。折磨我、叫我难以忍受的正是那个念头。

设身处地为我想一想看，在萨尔茨堡，我真不懂自己算个什么。我可以什么都是，有时候却又什么都不是！我不想期望太奢，但也不能要求太低。我只不过是有所求而已。——我的意思是，自己这个人总该算个什么吧！不管在哪儿，我总应该清楚自己该负什么责。不论在什么地方都应该是这样子的。谁是拉小提琴的，那就要拉下去；弹钢琴的也是如此。这一切，无疑都会得到安排的。那好吧，我相信一切事情都会变得幸福愉快。这就全指望你了！

——1778 年 10 月 15 日自斯特拉斯堡寄父

译读者言：这几封信里有一股不甘心无所作为又不肯向权贵低头的傲气。老海顿似乎能安于自己的处境。老莫扎特不但自己能受气，而且还苦劝他儿子委曲求全。

108. 萨尔茨堡人叫我受不了

我以自己的名誉向你起誓，我受不了萨尔茨堡，也受不了那里的人（我说的是当地人）。他们那种言谈、那种派头，全都令人无法忍受！

——1779 年 1 月 8 日自慕尼黑寄父

109. 拿契约书揩屁股

你应该知道，仅仅是为了让你高兴，我才呆在萨尔茨堡的。老天在上，要依我自己的心愿，在那天离开之前，我会把最新订的那份契约拿去擦屁股。因为，凭我自己的名誉起誓，叫我日复一日越来越不可忍受的，并不是萨尔茨堡那地方本身，而是那个亲王与其左右，傲慢无礼的贵族。所以，假如他给我一份书面的通知，说他已不再需要我的服务，我将感到高兴。（译者按：信中“仅仅是为了让你高兴”“擦屁股”等语，原文用了暗语。）

——1780 年 12 月 16 日自慕尼黑寄父

110. 那儿的人我不屑与之交往

就连你自己也会同意——至少是对我而言，在萨尔茨堡，赏心乐事一概无有。那里的许多人，我都不屑与其交往。许多人对我也没什么好感。更何况，那是个毫无什么可以激励我发挥自己才能的地方。

——1781 年 5 月 26 日自维也纳寄父

译读者言：困处家乡，他的才智、灵感都闲置得快要锈蚀了。但是一旦呼吸到新鲜空气，他便精神焕发起来。从 1769 年 12 月到 1773 年 4 月的那几年间，也便是他十四岁到十七岁之间，他有过三次意大利之游，在那边度过了两年左右的时光。从北部的米兰、威尼斯到南方的罗马和那不勒斯，所有那些名城他都到过了。只要哪个地方有机会开音乐会，或是有某位贵人想听听天才少年的表演，便在该处逗留几日。

罗马他们去了两次，受到上层教士与贵族之家的款待难以细数。其中，教皇克列门特十四的接见和荣膺所谓“金马刺勋章”，都是此番音乐之旅中最光辉夺目的镜头。

111. 那不勒斯一瞥

在王家教堂里举行弥撒的时候，我们见到了国王和王后。维苏威火山也去看过了。

那不勒斯是美丽的。只是它也像维也纳和巴黎那样的拥挤。此地的游民也有他们自己的将军，或者叫头头。此人每月可以从国王那里领取二十五枚银杜卡特。这样做，无非是为了要这些人听话。

——1770 年 5 月 19 日自那不勒斯寄姊

112. 维苏威火山冒烟了

维苏威火山今天大冒其烟。雷鸣电闪。

那不勒斯和罗马是两个昏昏欲睡的城市。

这里的剧院是美丽的!

——1770 年 6 月 5 日自那不勒斯寄姊

113. 写歌剧的人是真正有身份的

在意大利，写歌剧的人是真正有身份的，特别在那不勒斯更是如此。一旦我为那不勒斯写了歌剧，处处都会来找我写。

更有一桩，正如爸爸很了解的，一到春、夏、秋三个季节，到处演出谐歌剧。写那种东西，既可自己作为练习，也可以派其他用处。我写不出多少，那是当然的；但无论如何总是有点用处的。它为我带来的声名，将会胜过在德意志这里开一百场音乐会!

——1777 年 10 月 11 日自慕尼黑寄父

114. 祝贺慈母的命名日

我祝贺妈妈的命名日！愿她长命几百岁，永远健康！这是我不断地向上帝乞求的，也是我天天为之祈祷的。我将天天为双亲祈祷。我没法给妈妈送上什么礼物，只好等到回去的时候带点小铃铛、蜡烛和面幕吧。现在，我亲吻妈妈一千次。我至死都是她忠实的儿子！

——1770 年 6 月 21 日自波仑亚寄母（在寄父亲信上附笔）

115. 波仑亚爱乐协会考试现场报导

我们在波仑亚多呆了几天，是因为爱乐协会全体一致把沃尔夫冈选为该会会员，颁发了证书。全部考试与仪式都已进行过了。10 月 9 日那天下午四时，他去了协会。会长和两位审查人（都曾担任乐长之职）当着全体会员的面，交给他一首交替圣咏曲的主题。他必须到隔壁房间里去，将其谱成一篇二声部合唱。有个人带他进去，随即锁上。待他完成之后，试卷交给审查人和全体乐长与作曲家审阅。然后用黑白二色小珠作为工具进行投票。结果是全体投了白色的小珠子。于是，他又被召到会场。宣布同意他取得会员资格的决定，是以全场一致的掌声、祝贺声来表达的。

会长把审议结果通知了他。他也以感谢来回答。仪式到此结束。

当考试在进行之时，我同普林式奇先生被关在会场另一边的图书室里。

对于他交卷如此迅速，大家都甚为惊异。这是因为，有的人做这种课题做了三个小时之久。

你该明白，这并不是轻而易举之事。人们事先就向他交代，有哪些作法是不得采用的。

他一共用了不过半小时稍多一点。

——老莫扎特 1770 年 10 月 20 日自米兰寄妻

译读者言：古老的意大利波仑亚爱乐协会，是全欧闻名的音乐组织。年方十四的莫扎特通过严格的考试与手续获得了会员资格，也等于是戴上了大师的桂冠。

老莫扎特把现场情景报导得这么清楚，后人也不用再添油加醋了。

他做的那道题，是以一条古老的圣咏作为固定旋律，配上其他声部的复调乐曲。编入他全集中的号码为 K.86。

当年那份考卷，居然保存了下来，真可算珍贵之极的文献了！它是乐史的见证。从这份原件上可以看到玛蒂尼长老写的文字。另外还有一份重新誊清的文本，据研究者认为，提示了莫扎特当时有可能得到了旁人的指点（见《新格罗夫音乐与音乐家词典》中“莫扎特”条目）。

其实他获得此类荣誉并不仅此一回，值得作一补充。意大利维罗那城也有个著名的爱乐协会，在那里，他同样接受了一次测试。不过试题不一样，而是即兴演奏、视奏和即席谱制一曲。

116. 歌剧处女作大受欢迎

很久没给你写信，是因为忙于写歌剧。既然此刻得空，那就理应尽我之职。

谢天谢地，我的歌剧大受欢迎。夜夜客满！人人为之惊叹，说什么在米兰从来还未见过一部处女作的歌剧写得如此充实的。

我同爸爸都好，应该感谢上帝！希望到复活节时我能够用嘴巴将一切情形告诉妈妈同你，再见！我亲吻妈妈的手。

再说一件事，那个抄谱人昨天在我们这儿。他告诉我们，现时他正在为里斯本宫廷抄写我那部歌剧呢。

——1771 年 1 月 12 日自米兰寄姊（在寄父信上附笔）

117. 叫房东快来接受阿塔科

告诉哈根纳尔，他一定要马上到威尼斯来接受阿塔科（Attacco）。那就是说，趴在地下，让人打他屁股。这样一来他才有资格成为一个真正的威尼斯人。

她们也想对我这么干——七个女的在一起干。不过她们没能把我按倒在地。

——1171 年 2 月 20 日自威尼斯寄姊

译读者言：从小他便爱同人开玩笑，这就是一个例子。信中所谓的“Attacco”，大概不过是个笑谈而已。但也足见他当时的心情舒畅了。

音乐词典上也查得到这个意大利文的术语，其义为“复调作品中的短小主题”。

在意大利游历中，他差不多无日不同意大利人接触。那年头正是意大利乐人与作品称霸欧洲乐坛的时代。莫扎特对这个有古老文明的国土与其确实是迷人的音乐打心眼里喜欢；另一方面，那一大帮在欧洲乐坛上到处逞能、排挤当地同行的意大利乐师的所作所为，也不能不叫他生气。

118. 没哪个地方像意大利这样

仔细想来，我应该承认，还没有哪个地方让我享受了如此之多的荣誉，没有哪个地方像意大利那么看重我这个人。

——1777 年 10 月 11 日自慕尼黑寄父

119. 不知羞耻的意大利恶棍

阿洛西亚·韦伯唱了我写的两支咏叹调。有幸受到了听众的喜爱；尽管有那些意大利恶棍，那些不识羞耻为何物的无赖，总是在散布流言，说什么她的嗓子已经彻底地垮了。

——1778 年 7 月 31 日自巴黎寄父

120. 对意大利人我已经领教了

洛仑佐·达·蓬特已答应为我写一部新的歌剧台本。可是谁知道他是不是讲话算数，或者他能不能写出来？你很了解，此辈意大利先生当着你的面总是非常客气的。

对这种人，我们已经领教了！

——1783 年 5 月 7 日自维也纳寄父

121. 我满脑子都是歌剧

还有十七首曲子等着写，写好便可以结束了。真的，人们应该把三重唱、二重唱的作品算做三首和两首才对。

我不可能多给你写信，因为并没什么新闻好谈的。再说，我简直不知道自己写的是什么。我一脑门子都是自己的歌剧，有把曲子误当成话写到信纸上的危险！

我学会了此地人的一种游戏，叫作“mercant in fiera”，一回去我就同你一起玩它。

虽然我已经向丰·塔斯特太太学会了一种语言，它讲起来容易写起来麻烦，只不过有点孩子气，不管怎么说，对于萨尔茨堡人来说那是很好。再见吧！问候所有的老友。叫我们的漂亮的小狗，还有金丝雀可别把我忘了！这两个，加上你，是我们家顶完美无瑕的家伙了。

——1772 年 12 月 5 日自米兰寄姊

122. 想象着你也在看我的戏

收到我此信的那个晚上，我亲爱的姐姐，正好是我的歌剧在此地上演之时。想着我吧，我的好姐姐，尽你最大的努力，想象你也在场观看，也在倾听。当然，这是够累的，既然此刻已经是十一点半了，除非是复活节的白天，我深信那会比较轻松。

明天，亲爱的姐姐，我们要上市长丰·梅耶先生家去赴宴。你知道为什么？猜猜看！是他请我们去的。

明天还要去剧院排演。剧作家卡斯迪格里奥先生关照我可别跟别人说，不然的话，就会有许多闲人拥进去的。我们可不希望出现这种情况。因此，我的孩子，求求你也别告诉谁，否则也会涌进很多闲人的，我的孩子！

再说，你可曾听说这儿刚刚发生了什么事？好吧，我要全说给你听。今天，我们从费尔绵伯爵那里回来，走到我们住的那条街，于是，我们拉开我们住房的前门——你想，发生了什么事情？没啥，我们进来了。

别了，我的小心肝！

——1772 年 12 月 18 日自米兰寄姊

译读者言：莫扎特抱怨呆在闭塞的家乡，对他的才智灵感毫无触动，从他的意大利之行来看一点也不夸大。这一路上，他不仅在演奏上大显身手，创作上的多产也同样突出。

在维罗那，有人给他画了张像。画的是他面琴而坐，琴上摊着一份乐谱，也画得纤毫毕露。那谱子就是他写的。虽别无资料旁证，也无手稿或抄本遗存，这篇“保存”在画像上的曲稿，如今也收在克舍尔所编曲目中，即 K.72a。

到了米兰，在他被安排写一部歌剧之前，也许是要试试这少年能否胜任，于是他应命作了几篇咏叹调（K.88、K.77）。

离开了米兰，经过罗提，住了一晚，他借此机会把《第一弦乐四重奏》完成了。

在波仑亚度夏的期间，写出了一些宗教音乐作品，可能还有几首交响曲。

他写的歌剧《密特里达特》（*Mitridate*，*re di Ponto*）在米兰大获成功，自然是此行光辉的顶点了。此剧演了二十二场。按照传统惯例，那开始的三场是让他这个十五岁少年的作曲者坐在羽管键琴旁来亲自指挥的。

事情绝非一帆风顺，虽然寄回去的家信中，充满了对演出成功的欢欣，但阴谋诡计不少，有人硬要将别人写的咏叹调塞在他的歌剧里（不过当时也时行此种做法），似乎也达到了目的。

第二次和第三次去意大利，外界因素的激励，和充溢于他内心的灵感，仍然保持了不减的势头。

1771 年 8 月他二到歌剧之城米兰，受约作一曲小夜乐，9

月便完稿了。至少演奏了三次。老莫扎特在家信里说到演出的盛况，不无得意之色：“我不能不感到歉意的是，它使与之同时上演的哈塞的歌剧为之黯然失色了！”

哈塞虽然是德国人，然而他写的意大利风格的歌剧，当年在歌剧故乡却是红极一时的。

莫扎特的第三部歌剧《卢乔·西拉》(*Lucio Silla*)也于接受约请之后顺当地写成，并顺利地排出来了。为了让剧中咏叹调写得适合歌手的嗓子，还由演员作了试唱。

这部作品虽由于角色的水平高下不齐，不能算很成功，却也演出了二十六场之多。

除此之外，一些宗教乐曲、弦乐四重奏和交响曲，也是此一时期的产品。

总之，这三次游历对于一生郁郁不得志的莫扎特来说，是个心情舒畅、意气飞扬的黄金时代了。所憾的是此行所获，有虚名，无实利。很能说明问题的是，一回到家乡，这个家庭便陷进了财政危机之中。

123. 巴黎是个名利场

温德林坚持认为，巴黎仍旧是个可以去博取名利之场。他说，一个人只消写出几部合乎巴黎人口味的歌剧来，那他便保险有一笔稳当的进账了。温德林是个彻底了解巴黎的人。——我说的是今日巴黎，因为，那地方已经大变样了。

—— 1777 年 12 月 3 日自曼海姆寄父

译读者言：巴黎是个经过“太阳王”路易十四着意经营起来的欧陆名都，也是当时全欧的一个音乐文化中心。莫扎特小时候已去过两次。一回是从 1763 年 11 月到 1764 年 3 月，在那里度过了五个月。另一回是 1766 年 5 月到 6 月，只住了两个月。

作为神童之旅的第一回巴黎行的记忆自然是非常美好的。可惜，并非一出萨尔茨堡便到处可以任他展翅翱翔。第三次投奔巴黎的遭遇，对他来说是苦涩不堪的回忆。从此，除了家乡萨尔茨堡以外，他最反感的便是巴黎那地方和那里的人了。

124. 发泄对法国音乐的怒气

我刚刚从圣灵音乐会回来。格林姆男爵同我一起，对本地的音乐现状发泄了一通我们的怒气。这当然只是在我们之间说说而已。当着听众大家的面我们还是一面大喊：“妙极了！”“好得要命！”同时大鼓其掌，拍得手指头也疼了。

最叫人气恼的是，口口声声主张要提高欣赏口味的法国老爷们，竟然提高到连那样的废料也爱听。但是，要指望这些人能看清自己国家的音乐如此之糟，至少也需要他们能分得清音乐的好坏——上帝保佑我们吧!

——1778 年 3 月 5 日自巴黎寄父

125. 我生活在畜生中间

你说我应该到处去拜访，去结识新知，重叙旧谊。这，无论如何是办不到的。步行去么，路太远了，道路也太泥泞难行。巴黎道路的泥泞是没法形容的。租一辆马车吧，那就意味着你得开销四到五个利弗（译者注：旧时法国货币）一天，而又一无所获。

人们彬彬有礼，这一点都不假，然而仅此而已。他们约定我于这一天那一天见面，于是我去为他们弹奏了。只听到："啊，奇迹！""真不可思议！""那是令人惊叹的！"（译者注：此处原文为法语。）随之便是一声"再见！"

如其有哪个地方的人有耳能听、有心能感受，并且也能懂得音乐的情趣的话，那么，对以上这种情况我可以付之一笑。然而（就其与音乐有关的方面而言）我是置身于一群粗野的畜生之中！情况又怎能不是如此？无论是从举动、情绪还是欲望来看，他们都是同一类的动物。普天下没一处是像巴黎这样的。你可别当我是在夸大其词。随便你去问问哪一个，只要他不是个天生的法国佬，同时是对这问题有点知识的，他说的一定会同我一样。

好吧，我已经来到这儿了，为了你的原故我也只得忍受它。不过，假如我还能够保住自己的鉴赏力不受玷污而且终于能逃脱的话，那真要感谢上苍了！

——1778年5月1日自巴黎寄父

126. 法国人永远是蠢驴

法国人是蠢驴，他们永远是蠢驴。由于自己搞不出什么名堂来，他们只得乞怜于外国人。

……

以上帝的名义，我决心在这里硬撑下去，但我自己的天赋、爱好、知识与同情是与此完全抵触的。这太真实了。我向你说的完全是老实话。假如要我把所有的理由全都写出来，我会把手指头写断；何况，那也无益。

我只好尽力而为，其实也非如此不可。但愿上天保佑我别因为呆在这种地方把自己的聪明才智给毁了。不过我想，时间还不至于拖长到会弄到那步田地。老天不答应！

——1778年7月9日/18日自巴黎寄父

译读者言：莫扎特真是嫉法如仇了！他甚至迁怒于法国人用的语言。而法语，却正是当时欧洲上流社会中的时髦语言。读一读《战争与和平》，看看俄国贵族们谈话中总要夹上一堆法国话便可想见了。

127. 该死的法语

假定我自己被约请写一部歌剧，那么我就会碰上一大堆的麻烦。但我倒也不大在乎，反正已经受惯了，只要那该死的法语不是如此地配不上音乐的话。

这种语言是无可救药了。即使拿德语来对比，后者也显得好极了。

——1778 年 7 月 9 日自巴黎寄父

译读者言：言下之意可能是德语也不大适合配乐。最适合用来配乐写歌剧的，在他心目中自然是意大利语了！

128. 对巴黎满腹牢骚

偶尔同一位吹巴松管的列特尔交谈。除了别的话题之外，我说起呆在这地方是怎样地叫人不快活。我说，主要的问题当然是这儿的音乐。此外，我在这里找不到什么令人宽慰的东西，没处休闲。没有人与人之间的愉快交往，尤其是同异性的交往。这是因为，她们之中大多数是娼妓，而那些并非娼妓的人又不懂得如何生活。

列特尔无法否定我这些看法。

——1778 年 7 月 18 日自巴黎寄父

129. 对花柳病的憎恶

说老实话，我倒宁愿看到那位阵亡的劳东男爵战死在沙场，而不要可耻地死于巴黎的病榻之上，像大多数这儿的年轻人那样。

在此地简直找不出一个不曾染上两次到三次，或是正害着这种美丽疾病的人。

哎！巴黎的婴儿一落地就带上这毛病了。这对你来说不会是新闻，你早就知道了。但是，相信我的话，情况而今是越发严重了！

——1778 年 7 月 20 日自巴黎寄父

译读者言：梅毒之传入欧洲，虽然被认为是哥仑布发现新大陆的副产品，但迄无定论。人们发现，在那之前，一支入侵意大利的法军中便曾爆发出此种疾病，从而不得不仓皇退出。而且，这种风流病被称为“法国病”，也是欧洲人相沿成习的了。

其实，除了这种可憎的病以外，他所害怕的还有一种“法兰西瘟疫”，即苛捐杂税。

130. 不论什么都要收税

要写歌剧的话我就得写一部大歌剧，否则就宁可什么都不写。如其只写一出小小的戏，你的所得会微不足道——因为，这里不管什么都要收税。

——1778年7月31日自巴黎寄父

译读者言：童年时代的那次英国之旅，时间是从1764年3月23日到1765年8月1日，他在伦敦逗留了将近十五个月，当年他还小，不可能写下自己的观感。不过他对那个国家的良好印象，后来几次在家信中流露出来。从一封信中的“我是个彻头彻尾的英国人”那句话，便可证他对英国人的好感之深了。

对于说德语的地区，他的爱憎又各不相同。对普鲁士他没好感，这自然同当时普奥之间时起纷争有关系。巴伐利亚人说话的口音，他嫌其粗俗，很是讨厌；对那地方人的生活方式他也有同样看法，评价很低。但是对其首都慕尼黑却大加赞扬，从十六岁到他去世之前两年，他去过多次，所以家书中有很多是寄自那地方的。

曼海姆当时是属于所谓“派拉坦”地区的莱因河西岸的一个城市，更是受到他的喜爱。除了别的原故，主要是因为那儿有高水平的音乐文化。曼海姆宫廷管弦乐队在当时举世闻名。曼海姆乐派在作曲特别是交响音乐的写作上给他的启发也是很重要的。

然而在后半生，艺术上最光辉灿烂的时期，他既未定居慕尼黑，也未去曼海姆，而是选中了维也纳，这倒也并非偶然。

131. 关于维也纳的话题

同钢琴家贝克谈了许多方面的事。其中一个话题是关于维也纳的情况。诸如什么皇帝其实并不怎么喜爱音乐啦，等等。他谈到（有些话完全是实情）皇宫里演奏的那种音乐恶劣已极，足以使狗儿一听便逃走，云云。

——1777 年 11 月 13 日自曼海姆寄父

132. 维也纳的行情

一点也不错，维也纳人的爱好变化无常，不过那只是在看戏的口味上如此。但我专长的是弹奏钢琴，这在群众中是如此流行，足可让我恃以为生。维也纳的确是个钢琴之国！

再说，就算是人们终于厌倦了我，那也不是几年之内就会发生的事，肯定不会如此。

——1781 年 6 月 2 日自维也纳寄父

133. 我将以作曲家与钢琴家闻名于世

你要知道，我正在写一部歌剧，已经写出的那部分，演唱之后博得了广泛的好评。

我了解这地方——我也有根据认为，我的歌剧将会取得成功。那样一来，我在维也纳这里就会以一个作曲家闻名于世，一如我是一个出名的钢琴家那样。

——1781 年 9 月 19 日自维也纳寄父

134. 要让维也纳人听了喜欢

《后宫诱逃》中的土耳其近卫军音乐，必须写得简短活泼，叫维也纳人听了喜欢。

第一幕我三星期之前就写好了，到现在为止，已经写出来的还有第二幕中的咏叹调，以及饮酒二重唱，此曲完全是用的土耳其风格。

——1781 年 9 月 26 日自维也纳寄父

135. 我了解维也纳人的口味

请你不断提醒瓦雷斯科，主要之点在于要有喜剧性。这一点你很清楚。我了解维也纳人的口味。

——1783 年 5 月 21 日自维也纳寄父

译读者言：难道莫扎特是一味地迎合维也纳人的口味？不然。他既善于满足听众的需要，又决不肯牺牲乐艺的价值。往往那天平还要向着后一方面倾斜。

《费加罗的婚姻》与《堂璜》的台本作者达·蓬特回忆

说：在维也纳，《堂璜》初演时并不受欢迎。你知道奥皇怎么说？“戏是了不起的。我甚至敢认为它比《费加罗的婚姻》还要美妙。然而这样的音乐，对于我的维也纳人的牙齿来说是嚼不大动的。”

我把听到的这话去告诉了莫扎特。他泰然自若地说：“那就让他们慢慢地去咬嚼好了。”

他并没看错。每多演一次，喝彩的人也就更多，渐渐地连那些牙齿最不行的维也纳人也品出了其中滋味。

自从1782年他定居维也纳以后，他的音乐之旅虽然告一段落，但并未完全终止。1789年去过柏林和莱比锡，一年之后的秋天又到过美因河畔的法兰克福。而在这两次出游之前的1787年1月与1791年9月之间，又曾五访布拉格。其中有三次滞留较久而收获甚丰。《费加罗的婚姻》《堂璜》与《蒂托的仁慈》这三部歌剧都在布拉格有辉煌的成功。

在这一连串的游访中，对一路经行所到之处、所见之人，他照旧是褒贬不一。

对布拉格他非常满意，因为那里有如此热爱其乐的友人和听众。对于一经而过的中世纪古城纽仑堡，他印象极为恶劣。他说那个城市“丑陋惊人”。反之，对于伍茨堡却赞赏它的建筑优雅壮丽。这也说明了他在建筑艺术上是倾向于洛可可风格的。

136. 脏话与隐语

……只消那头驴子弄断了拴它的扣环，并且在干此事时把自己的屁股弄裂了一条缝，于是我便听见它拉起屎来。那声音响得如同一个阉人歌手配着号角的吹奏在放声高唱。

与此同时，它伸出了自己的长耳，去抚摸狐狸的臀部……

——1780 年 11 月 24 日自慕尼黑寄父

译读者言：什么话！家书中何出此言！这等粗鄙不堪的文字竟会出于我们崇拜的莫扎特的笔下？！

无怪乎有一种《莫扎特家书选》（英译本）显然并非出于无心地将此信摒而勿录了。可见得，为尊者、贤者讳，也不是敝国可得而专美的了！

其实，发现此类似乎见不得人的资料，我们不但无须惶惑，而且正该为“神圣”恢复了人性而额手称庆。莫扎特固然非神非圣，而且也并非纯人。“凡常人之所有者我无不具有”（马克思语）。把“我”这个字换成“他”便行了。

此信乃用一种他们自家人才能破读的隐语编成的游戏文字。其中那一大堆村话，可以拼读成一个他深恶痛绝的词语“archbishop”，即“大主教”（原文当然是德语）。

使用隐语通信，同彼时彼地现实政情形成的惧祸心理当然大有关系。他们不得不提防奥匈帝国和萨尔茨堡大主教治下的邮检官吏。不过，好开玩笑，说不干不净的话，也是这位天才的一个不容忽视的个性特征。写家信，或同亲友通信中经常是脏话连篇，包括同他的一个堂妹通信。

这又叫人联想他乐中的谐趣。不但在他的歌剧中有绝妙的诙谐，器乐曲中也时时可以听到幽默味十足的地方。但正像他最善于做到“哀而不伤”，他也总是能做到“乐而不淫”，决不会过火。

莫扎特的笑意、笑声，同老海顿是不大一样的，他显得更温暖自然一些。同贝多芬的更不同，他的笑容可不像贝多芬那么司芬克斯式，笑声也不像贝多芬那种辛辣味。

总之，这维也纳三巨头的喜怒哀乐是相同处不多而相异者不少。也许可以认为，莫扎特的更近于人情之理想，而贝多芬更近于人世之现实吧？

137. 一封不知所云的信

我想我会收到你 11 月 25 日写的那封信的，如果不是你头疼、颈项疼或膀子疼的话。

不过，现在，就在此时，就在此刻，既然你已经解除了自己的痛苦，于是你26日写的信我也便收到无误了。诚然，的确如此，我无比亲爱的堂妹女士，在这个世界上发生了这样的事：一个人有钱袋，另一个人手中有钱。那么，你拿的是啥呢？用手（译者注：此处画了一只手，以代“手”字）拿？难道是用别的拿？嗨，快，铜匠！这是《福音书》上的昭示：相信的，可以获得拯救；不信的，可以直升天堂——其直如矢，可不像我写得这般弯弯扭扭的。

你可知道？我能够爱怎么写就怎么写。可以写得流畅自如，也可以乱涂一气；可以写得行款整齐，也可以写得弯弯扭扭。不久前我心情不快，所以便写得好看，流利；此刻我心平气和，于是便写得狂乱。

现在的问题很简单：你要的是哪一种？你可以选择的非此即彼，因为我没有折衷之道。流利，还是潦草？清楚，还是乱涂？认真，还是开玩笑？是前三种还是后三种？我敬候你下一封信中告诉我你的抉择……

——1777年12月3日自曼海姆寄堂妹

译读者言：抄译至此，原信还剩一半，然似乎可以从略了。一个年纪二十出头的天才人物，写出了这样一篇废话连天的信！

并非闲得发愁，也不全是调笑无忌，这无非是一个既早熟得惊人，又至死仍像个大孩子的人的一片天真烂漫。

此信的最后部分，先用德语，再用法语，胡诌了两首打油诗，比打油诗还要荒唐，像英文中所谓“nonsense”的儿歌、顺口溜中有此一体。根本无法译！

138. 屁声震耳

哦，我的慈母！奶油真好吃！赞颂与感谢归于我主。生气勃勃浑身的劲，我们一头冲向这世界。虽说手中无有分文。但我们无所谓。何况我是跟别人牵连在一起。他们一肚皮包着屎，只要可能便拉，管它是在桌前还是桌后。屁声不绝，当然，震耳欲聋！放屁大王昨日光临。他的屁比五月菊还要好闻。……

好吧，我们又度过了一个礼拜。而我们天天都要拉大便。……

为巴黎人写的协奏曲暂且放一边，更合我意的是，我要一边拉屎一边把它写。……

等到星期一那天，啊唷！我将荣幸地
拥抱你，亲吻你好看的手，
可是且慢，首先让我把屎拉在裤子里！

——1778年1月31日自沃姆斯寄母

译读者言：原作是韵语，难以照译，只好变成散文分行了。这首不长的歪诗中，脏字竟达十余。莫扎特好像以大用脏字、大讲脏话为大乐，从中发泄他调皮捣蛋的童心童趣，向妈妈装疯卖傻。其实，只要不是被规矩文雅的习俗束缚得太紧的儿童，恐怕都会有这种并无恶意的自得其乐。

家书集中还收有他为那位堂妹勾下的一个头像，环绕人头乱七八糟地注了一圈儿文字，标出：头、发、鼻、颈、胸，等等。

据他夫人说，对绘画、雕塑他都爱好，自己也能作画。可惜的是，能为康斯坦查此话作证的只剩这一小幅颇有点生气的漫画了。

如果人们从字里行间发现了情欲，那又何足为怪。莫扎特哪能没有七情六欲？虽然到了他写的音乐中，这又被他神妙地净化了。

人们还注意到，写这封嬉皮笑脸、满纸村言的信的那时，也正是他坠入情网之时，钟情于阿洛西亚而终难如愿。所以论者从此中看出有一种受压抑的苦闷的释放。

在此类游戏文章中，也许可认为达到荒唐之最的，是一篇六声部轮唱曲，即 K.231（382C），此曲可能作于 1782 年。

一看曲题便叫人瞠目咋舌:《舔我的屁股》！歌词中颠来倒去都是唱的题目中那句话。

完全可以想象得出，言语如此不堪入耳，再借着六部大轮唱的音乐功能，强化了刺激，那种粗俗闹剧的效果一定会弄得正人雅士不能不掩耳而逃吧！这其中，在为玩笑而玩笑的无意识心态以外，是否又发泄着玩世与愤世之情呢？

19 世纪，由著名的布赖特可普夫与哈特尔公司出版此作时，那句叫正人君子难以出口的话曾被换上了“让我们得到幸福吧”。直至不久以前，又出了新版，才恢复原状，重见天日。

话虽如此，是否有谁敢冒天下之大不韪，在莫扎特音乐节或是任何一种严肃的音乐会上演出此作，那仍然是难以设想的吧？

139. 弹子戏的爱好者

你一走，我便去同“丰·莫扎特先生”打了两盘台球。这家伙写了一部歌剧《魔笛》，它正在西堪耐德剧院中演出。

——1791 年 10 月 7 日自巴登寄妻

译读者言：虽然家书中提到台球的仅此一处，而且时间离他辞世之日（那年 12 月 5 日）已不远了，但他其实是这种游艺的爱好者，玩得很是投入。有人回忆到，他家里有张台球桌。还有人回忆说，如有某个台球名手来到了首都，那比一个音乐名家的到来还要叫他兴奋。因为他认为，音乐家来，反正是要登门拜访他的。台球高手一到，他可要找上门去。他下注下得很大，通宵达旦地玩。

140. 球戏中有灵感

一吃过午饭我们便去打 boccia。这种球戏我是在这儿学会的。一回到家我就教你怎么玩它。

——1770 年 3 月 25 日自罗马寄姊

译读者言："boccia" 是意大利文，即滚木球戏。最妙的是他甚至从这种球戏中找到了作曲的灵感。

作品 K.487，为木管乐器而作的十二首二重奏，手稿上有他的手笔：沃尔夫冈 · 阿玛多伊斯 · 莫扎特，1786 年 7 月 27 日作于玩滚木球时。

另一曲，K.498，作于 1786 年 8 月，是一首为钢琴、单簧管与中提琴写的三重奏，据考也是在玩滚木球的当中作的。

141. 爱舞甚于乐

昨日是礼拜天。我们这里有一场按宗教仪式举办的婚礼，有舞会。我只跳了四场小步舞，到十一点时我便回到自己房里了。这是因为，在五十位女士中，能够跳得合拍的仅有一人。

——1777 年 10 月 6 日自慕尼黑寄父

译读者言：据他夫人说，莫扎特虽然是那么一位天才人物，却是极爱跳舞。莫扎特自己也说过，同音乐比较起来，他更爱的是舞蹈这种艺术。

遗憾的是，有关其爱舞一事，家书中的资料不多。但是当你倾听他写的大大小小数不清的小步舞曲时，不是大可把这信中讲的联想一下吗？小步舞那优雅的节奏、情态，有一个十七八世纪从民间到宫廷的生活背景。但莫扎特交响曲、奏鸣曲中的小步舞曲乐章又有其各式各样的情绪。试听那最后三部交响曲，其中的三篇小步舞曲便完全是三种意趣。

从他爱舞甚于爱乐这一点不妨再推想开去，似乎他所写的音乐都可看成是图案美与舞蹈美。就在那图案与舞蹈的意象中，展示着音乐美的特质。

142. 镖靶上的玩笑

说到那镖靶的事，倘还来得及的话，那么我想要把它装饰成这样：一个小矮个子，头发是黄的，俯着身子，露出个光屁股，从他口中吐出的言语是“请饱餐异味”！靶上的另一个人，足蹬皮靴，带有马刺，身穿红外套，头戴时行假发，也是中等身材，他应取这样一种姿势好让他去舔那人的屁股，他口吐之言为“呵，再没有比这更美味的了”！

请照此去画吧。如此次来不及，下次再画也行。

——1777 年 11 月 4 日自曼海姆寄父

译读者言：又是一则可以喷饭的资料！莫扎特奇想天开，真是毫无忌惮。信中的镖靶即玩投镖之戏用的靶，到今天仍是西方人爱玩的，如今连中国也流行这玩具了。莫扎特一家子都喜欢玩它。靶上一般都要饰以图形与文字，各从所好。但像信中的这种设计，恐怕是他的别出心裁吧？

143. 关于服装的谈论

……一套用丝织品或那种厚重的棉织物做的衣服；当然，边缘上得镶上丝绸。康斯坦查有这样的一套。

一件日常穿着的衣裳，料子用好看的萨克森凸纹布，镶边用棉纱的（但须用那种手摸上去很像丝织品的料子），那么看上去也不坏。同时它有个好处是，那镶边可以不用拆下，连着衣裳一起洗。

——1782年5月8日自维也纳寄瓦尔德斯塔腾男爵夫人

144. 牛舌与鳟鱼

能否寄点萨尔茨堡的牛舌来？（如果关税不太高的话。）瓦尔德斯塔腾男爵夫人对我深为关怀，有一次闲聊中提到此物。她说她极想一尝此味。我表示要为她搞到。

还能给我寄一些萨尔茨堡卡莫格特湖的鳟鱼来吗？

——1782年8月31日自维也纳寄父

非常感谢寄来薰牛舌。给男爵夫人送去两枚，两枚留下自享，我们打算明天尝它。如果再能搞到鳟鱼，那真是太令人高兴了！

——1782 年 9 月 11 日自维也纳寄父

译读者言：他憎恶萨尔茨堡的人，但并不忘家乡风味。啤酒、浓咖啡、烟草，用茶、酒、果汁、香料混合而成的“喷其水”饮料，都是他所嗜。还养过一匹马，喜欢骑马出游。

145. 金丝雀先生无恙吗？

告诉我，金丝雀先生好吗？照旧歌唱吗？是不是还吹口哨？你知道我怎么会想起它？这是因为前面那间房里也养了个金丝雀，吵得就像我们家那个一样。

——1770 年 5 月 19 日自那不勒斯寄姊

译读者言：莫扎特对养鸟有兴趣。他养的一只欧椋鸟还同他的音乐发生了关系。在他身后遗物中留下一本日用流水账。上面记了一笔开支：欧椋鸟一只，三十四个十字币。还加上一句话：它是讨人喜欢的！

当时爱养鸣禽的人家，因为嫌驯鸟歌唱麻烦，发明了一种工具叫“鸟儿风琴”。只须把那手柄摇起，便可反复奏响一支曲调，让鸟儿听了学唱。

莫扎特养的这只也会唱一支曲调。试听他的《G大调钢琴协奏曲》(K.453)，最后的回旋曲乐章中开头的那个主题，鸟儿唱的正是这曲调，几乎一模一样。莫扎特听得开心极了。

后来它死了(正好是他老父去世之后一周)。莫扎特特地作了哀歌一首来悼念它。

146. 对学习外语有兴趣

近来天天练习法语。英语已经学了三课，我希望三个月内能做到不费力地阅读英文书。

——1782年8月17日自维也纳寄父

译读者言：对学习外国语言他有浓厚兴趣。这同他自幼多次出国游历当然有关系。意大利语、法语他都能运用自如，但他最感兴趣的还是英语。

他收了个跟他学理论作曲的英国门生，名叫托马斯·阿特伍德，当年用的练习本子保存了下来。从那上面他对学生作业的批改文字来看，大部分是意大利语，也有用英语的，大多只是简单的一个单词，如“good”或“bad”。不过也有别的语句，例如，在一道按低音配置和声的习题上批道：“作业中错误甚多，你应更加用心。”而在另一道做得很糟的对位习题上批着:“你是个驴子！”后面是:“今天下午我不在家。因此，请于明日三时半再来——莫扎特。”

维也纳有个外语教师，也是共济会会员，在此人的一本家庭纪念册上，莫扎特用英语抄下一条格言:“耐心、静心，对于疗治我们的坏脾气，其效胜过全部内科学。”

147. 学习手势语

此刻，我正在用打手势来同人谈话。我们房东的儿子是个聋子，一生下来便如此。

——1770 年 10 月 27 日自米兰寄姊

用手势同聋哑人交谈，成了我唯一的娱乐。而且，我已经完全掌握了它。

——1771 年 8 月 31 日自米兰寄姊

译读者言：莫扎特对语言的学习有兴趣，这又是一例。

148. 耐人寻味的格言与谜题

格言：1. 穷，但是聪明，埋头干活吧。即使发不了财，你至少还能做个明白人。——富，但是其蠢如驴，好吃懒做吧。即使不倾家荡产，你照旧是个蠢驴！

2. 对一个女人最确切的赞美，要从她死对头的咒骂中去找。然而，对于男人来说，岂非同样如此？

谜题：1. 我们这一群是姐妹们，聚合在一起有痛苦，分拆开来也痛苦。我们同居于一座宫殿里，但毋宁说是关在牢狱之中。我们被牢牢地禁闭着，要为男人们维持生存而干活。最蹊跷的是，大门时常打开，日夜如此；然而我们并不能出去，除非有人硬生生将我们推出。

2. 我不同寻常，既无灵魂又无肉体。人看不见我却能听见我。我无法独立存在，唯有一个活人才能给我生命，无论多少次都行。我生命短促，因为我方生即死。随着别人的胡思乱想，一天之内我能生而复死死而又生无数遍。

对于给我以生者我无可为报；对于那些让我生下来的人，我却要在自己极短暂的一生中还给他以痛苦的兴奋。当一个人在赋予我以生命时感受的激动，我也定会将其带到这世界上来。就大多数而言，女性在生我时是文雅而温和的，许多女人以此来老实承认自己对我的爱。许多女人通过把我生出来维护了自身的体面。

不论如何，我的一生维持不到一小时的四分之一。我的降生于世纯属偶然的运气，不如此却也别无出路——那个人便难免要大出其丑了！

3. 我们生来原是为人消遣的，假如突然发生了意外，事情走向反面，那我们也毫无办法。如果某个人缺少我们中的一个，那么他就会变成一个——有缺陷的人。

——1786 年 2 月 19 日自维也纳寄父

译读者言：原信中“格言”有好多条，此处仅录其中两条。有几条晦涩难解。费解也不足怪，因为这本来就是他仿照古代哲人口气写的。

1786 年 2 月，他参加了维也纳的狂欢节。不像往年那样化装为小丑，却以梭罗亚斯特这一古代先知的面目出现了。此人即歌剧《魔笛》中大司祭萨拉斯特罗，也是后来尼采著作中那个超人的模特儿。就在此时，他用心写作了一组包括八条谜题、十四条格言的文字，加了一个《梭罗亚斯特残篇选辑》的标题。抄了一份寄给父亲。老父将其投给萨尔茨堡的一份刊物。发表了的只是其中一部分。

谜语的谜底，第二条是“屁”。其他各条的已经迷失，原意难明。

虽说制谜猜谜一事，当时流行此种游戏，但人们对照莫扎特的言行，却猜详出这乃是他借此宣泄自己不便公然说出口来的牢骚的一种方式，是他在公开发表他连私下里也不能谈论的想法。

149. 不去看气球上天

我没去看气球上天。一则那种景象，人们是不难想象而得的。再则，我估计这回大概又不会成功。

——1791 年 7 月 7 日自维也纳寄妻

译读者言：有人以此为例，推论他虽然对人世间种种事有广泛的兴趣，却也并非任何时髦玩意都能吸引他。

不论怎么看，借此倒可以让我们增加一点时代感。气球之发明，正是他那个时代的新事物。发明史上记着：1783 年 6 月 5 日，法国里昂人蒙戈菲尔兄弟表演了热空气球升空。到了那年的 12 月 1 日，载人氢气球也在巴黎上空作了飞行表演。从那以后，放气球，看它上天，在许多地方成了万人空巷的节日。

莫扎特似乎不想凑这个热闹。但也有人认为此事对他也并非了无影响。也许，在《魔笛》第二幕中，大司祭唱咏叹调之后，那个空幻的场景便说明了这一点吧？

150. 有关书法的话题一束

……好漂亮的书法呵！我的，不是吗？

——1770 年 6 月 5 日自那不勒斯寄姊

要我写得好一点是办不到的。这支笔是用来作曲而不是写字的。

——1770 年 8 月 4 日自波仑亚寄姊

请把好久以前便向你要过的那东西寄来，就是字母表，大写体的、小写体的，都要。要你自己亲笔写的。

——1778 年 4 月 11 日自曼海姆寄父

乱涂一气，是不是？我可没那个耐性写得好看一点。既然能看得清，那就对付着吧！

——1778 年 7 月 20 日自巴黎寄父

假如你不得不一个字一个字地往下看的话，那你只好怪我用的这支笔和墨水太糟了。

得了，反正得写完它——这位替我修笔尖的丰·列泽尔先生这一下子可把我耽误了！

——1781 年 4 月 24 日自维也纳寄父

译读者言：莫扎特终其一生没能把字写端正。他自己也觉得不对头，三番两次地找借口为自己的蹩脚书法解嘲。

写字不像样，而且弄到二十二岁年纪还向老父讨字帖来练字，反映了童年时期没能够接受正规教育。当然这又是从小便不得不四方跋涉的神童生涯带来的。童年的光阴，他当然不能用在临摹字帖上头，而是要用来练琴、学作曲和自己写曲子。但此外他还有一项发展自我想象力的作业。

据他姐姐的回忆，还在孩提时代，他便曾构想出一个乌托邦，叫作“背后的王国”，把它的情况设想得非常之细致。当一家人仆仆风尘于“乐旅”途中之时，也便是他作白日梦，编织“好的故事”的时候了。

“背后王国”的国民拥有为孩子们造福的一切，莫扎特自封为国王。他将故事发展得非常之长，连家中仆人也着了迷，为乌托邦描画了一幅地图。哪儿是城堡，哪儿是市镇乡村，一一都由梦想者指点。

151. 我只按照自己的想法行事

《后宫诱逃》第一幕中的音乐，我弹给图恩伯爵夫人听了。后来她对我说，她敢以生命担保，我已完成的这些部分，听众是不会不喜欢的。

在这个问题上，不管什么人的称赞也好，骂也好，我是不去注意的，除非人们已经把歌剧全部听过了。我只按照自己的想法行事。

——1781 年 8 月 8 日自维也纳寄父

152. 大主教伤害我的健康

三次拜见大主教，尤其最后一次，上帝的这位好仆人的训话，对我的健康造成了如此明显的损害，弄得我当晚歌剧才演到第一幕便不得不回来躺下了。我发烧得厉害，四肢颤抖个不停，一路上跌跌冲冲地像个醉鬼。一连两天都出不了门。一上午都躺在床上，服用罗望果制剂。

——1781 年 5 月 12 日自维也纳寄父

153. 说梦

你所谓的“好梦”是什么意思？我并不反对说梦。生活在这世界上的人，谁不喜欢有时候做做梦。然而，“好梦”！

平安的、愉快的、甜蜜的梦，那就是所谓的好梦。这种梦，假如能变成了真的，那么，我过的这种愁多乐少的日子就会好过。

——1778 年 12 月 31 日自慕尼黑寄父

译读者言：正是在这个时候，他同阿洛西亚·韦伯谈情说爱的一切“好梦”惊醒了。

一来到慕尼黑，他立即去了韦伯家。发现阿洛西亚完全变了心，把他视若路人。

有个在场目击者描叙了那场面：

正在为母服丧的他，按着巴黎人的习惯，穿了件钉上了黑扣子的红色上衣。一见阿洛西亚这神色，他坐到钢琴前，自弹自唱，唱了首小调，作为表态：一切就此拉倒！

然而老父又接二连三来信，催他作速返回萨尔茨堡，对他那另谋美职的好梦大泼冷水。有封信中说了气话：“我只想多活几年，还清债务。到那时，只要心甘情愿，那你拿自己的脑袋瓜子去撞墙好了！——可是别那么任性胡来。你有副再好不过的心肠，也并没鬼迷心窍，无非一时不负责任的胡思乱想。时光还是会把你治好的！”

154. 别再写愁苦的信了

求求你别再给我写那些愁苦的信了！

我此时需要的是心情舒畅、头脑清醒，是干活的兴致。而要是弄得心情忧郁，这一切都无从谈起。

——1780 年 11 月 20 日自维也纳寄父

155. 离愁

你想象不出在这些日子里我是多么想你。连我自己也说不清那难受的劲儿。一种空虚感，把人折磨得好苦。一种无从满足的期望，而又无法不去想它。它一直在心里头揪着，一天比一天更难熬！

一想起在巴登我俩像小孩似地无忧无虑的日子，更觉得我孤零零独守在这里是何等忧伤。纵然埋头干活也无法消解。这是因为平素习惯了在工作中不时地放下笔同你谈上几句。唉！那种乐趣是再也无福消受了！

有时想要到钢琴上弹弹我的《魔笛》吧，也是欲弹又止。这对我的心绪触动太深了！

——1791 年 7 月 7 日自维也纳寄在巴登的妻子

译读者言：对于莫扎特如此深于情的人来说，折磨他的何止是中年后同爱妻的离别。

从小便饱经漫长旅途中的风尘，心灵上的苦恼也并不轻。走过那么多地方，一律是来去匆匆，频繁不断地要同萍水相逢的朋友分手，又得忍受旅途中的孤寂。无论对于童年还是后来的莫扎特，都是一种精神上的磨难。

156. 伤离别

离开曼海姆来此，对于最不想离开曼海姆的我，决不是一条愉快的旅途，实际上是闷闷不乐的。虽说自幼便受惯了同要好的朋友、同自己感兴趣的城市乡村分手，也不知何日才能重逢，甚至是否还能重逢也难逆料；但是每到这种时候，我仍然为之心伤！

——1778 年 12 月 8 日自开塞昔姆寄父

157. 我走投无路！

我走投无路了！丰·屈拉特纳先生通知我，如果明晨之前不将债款付清，他就将采取行动。

现在，请夫人设想一下，那时我将何等狼狈！我付不出，哪怕是半数也拿不出来。当初要是预见到我的协奏曲预约出售一事进行得如此迟缓，我就会借一笔期限稍长的款子了。

老天在上，请求夫人帮助我保全声名荣誉。可怜的妻子身体不适，因此我走不开，不然的话我会登门求助的。我们敬吻夫人的手一千次。

您最听话的孩子　莫扎特

——1783 年 2 月 15 日自维也纳寄瓦尔德斯塔腾男爵夫人

158. 向你求助！

我身陷困境向你求助！请借给我一笔钱，那是我此刻急需的。恕我老是给你添麻烦，但你了解我是那样地盼望你生意成功。我深信你是不会责怪我如此无礼强求的。你将慨然相助，一如我之愿意助你。

——1785 年 11 月 20 日自维也纳寄霍夫迈斯特

译读者言：莫扎特向老父承认过，自己的“主要毛病是并不总是按道理行事”。其实他的主要毛病之一无疑是他不善理财。

从出售作品与演奏取酬两方面来看，他的收入经常是相当可观的，虽然并不稳定。但他的开支浩大却一贯如此。特别是从 1788 年之夏开始，延续一年之久，造成了尖锐的财政危机，弄得他不得不向朋友和熟人举债了。从 1783 年以来他便开始向人借钱。特别是由于那次自办作品的抄写与出售业务一举遭到失败之后。

但 1785 年正当他功成业就处于顶峰之际，竟不得不向出版商伸手借钱，这就成了疑问。到底是因为妻子生病开销大，理财又无能，造成了赤字呢，还是另有缘故——例如他的嗜赌呢？

从1788年6月到1790年8月之间，他写给普赫伯格的信至少有十七封。此人为共济会会员，他的同志。写信是为了告贷。此人借给他的钱最后总计一千四百一十五古尔盾，直到莫扎特去世之后才由他妻子还清。

159. 窘境中的呼吁

我的天！哪怕是最可恨的仇人，我也不想叫他落到我目前这田地！如果你，我最亲爱的好友也不肯相救，那么我这个倒霉的并无过错的人，还有我可怜的病妻弱子，都将一起完蛋了！上回见面，就想把心事倒出来，可又没勇气。现在也还是不敢当面说，只好用颤抖的手来写这封信——其实连写信也心怯；假如不是深知你了解我，洞悉我之处境，也相信我之所以落到这地步并非自取其咎的话。

哦，上帝！我此刻并非对已受之惠表示感谢而是又有所求；不仅不能还钱，而且还乞求新的援助！你如真是深知我的为人，必定会懂得这一切对我来说是怎样的一种折磨！

命运对我如此冷酷无情，无论我怎样卖力，还是搞不到钱。两周前我就发出了征求预约的单子，可是签名其上者只有一位斯维腾男爵！

……最亲爱的好友、兄弟，你了然于我现时的处境，你也清楚我前程远大。我们之间的协议执行得不错。眼下我正为弗列德里希公主写六首简易奏鸣曲，为普鲁士国王写六首四重奏。这两组作品的题献将使我有所得。不要几个月，我的命运就会完全确定下来。因此，我最好的朋友，你并不会由于我而担什么风险的。问题在于，你是否肯，或是否能再借五百弗洛林给我呢？

在我的事情解决之前，我愿每月还你十弗洛林。如此，至多再过几个月，可以全部还清。利息随你算多少都行。与此同时，我自认为是你的终身负债人。对此，唉！我永远将这样认为：因为，你的友情、关怀，我是永远感恩不尽的！

哦，上帝！我简直下不了决心去投寄此信！可是又非这样不行！看在上帝面上，原谅我！一定请原谅！——那么——再见！

——1788年6月12自维也纳寄普赫伯格

译读者言：写这封信，他显然很费了一番心思，但也可见其窘急之情了。一个主要靠音乐语言来表达其思维与感情的人，竟不得不求助于俗套的语言来解决一个庸俗的问题。

160. 又是求援

不怕冒昧，我坦然地求你帮个忙。如蒙借我一百古尔盾，——下月 20 日归还；我将感谢不尽！届时我将领到部分薪俸，因此可以奉还了。

本来我可望从国外收到一笔一百杜卡特的款子，日日盼望，迄今为止仍未到手。手头拮据，急需现钱，为此向你求助。对你的友谊我深信不疑。

我们很快就能够用更加亲切的名字相互称呼了。你的见习（译者注：指共济会会员见习期）即将期满了。

——1789 年 4 月自维也纳寄霍夫德梅

161. 人性的呼唤

假如凡是我同她开过玩笑的女性都同我结婚的话，至少我会有两百个老婆。

——1781 年 7 月 25 日自维也纳寄父

我一心想要做的首先是想法弄到一项虽然不大但是固定的收入——做到这一点在此地并不难，然后便是成家！

对我这打算你会大吃一惊吗？求求你，最亲爱最好的爸爸，且听我解释！

人性的呼唤，在我身上像别人一样的强烈。也可能比许多蠢人更加强烈。

然而我却不能像如今的年轻人那样生活。

首先，我的信仰太虔诚；其次，我太爱重我的邻人，自尊也不容我去勾引一个天真无邪的姑娘；第三，对染病我抱有极度的恐惧与憎恶。我是太珍视自己的健康了，因此不能去寻花问柳。可以向你发誓，自己从未跟任何异性发生过那种关系——如果有过这种事，我是不会瞒你的。犯错误人所难免。偶尔失足，也不过是一种弱点而已。但假如在这种事情上走错一步，我却不敢自信不会一错再错。我以生命保证，我向你说的都是真情实话。

单是这一点，我知道说服力还不够，虽然是很强有力的。我更需要的是安宁的家庭生活。尤其是因为，从小我就不习惯自己料理生活，比如衣着、洗涤之类事情。平日在这方面由于自己照顾不了不得不多花费的钱，也没法向你说清楚了。所以我深信，同样的收入，有个老婆会比打光棍过得好一点。自然，有得也有失。但人们会约束自己的。——一句话，那样便可以过正常生活了。一个光棍，依我看，只不过是半个活人。

——1781 年 12 月 15 日自维也纳寄父

162. 看相片下泪

身子可好？是不是像我这么老想你那样常想我？每次一看你的相片，就要流泪。既是因为心里欢喜，也是由于心里痛楚。

保重身子！那对我来说是宝贵的。

我的宝贝，再见了！

别了！最温存地亲你百万次。我永远是你的，至死也不负心！

——1789 年 3 月 8 日自维也纳寄在巴登的妻

163. 相片传深情

如果把我对你的相片所干的事都说给你听，你一定要好笑的。

举个例吧：把它从匣中取出来的时候，我会自言自语："你好，斯坦查尔！你好，小坏蛋！小猫咪！小翘鼻子！小家伙，喝一口，捏紧了！"

等到把它放回匣子里时，我总让它一点儿一点儿滑进去，一边放一边咕哝着:“啵！啵！啵！”按着这话里头所含深意，加上特别的强调，到最后那片刻，急忙说出:“晚安，小耗子！好好睡吧！”

好啦，我知道自己写了些傻得要命的话（至少对于外人是这样）。但对相亲相爱的你我而言，一点也不傻！

——1789 年 3 月 13 日自德来斯顿寄妻

164. 凡事要检点

亲爱的小妻子，我有所恳求！求你凡事不但要爱惜我的名誉，小心行事，也要考虑自己的面子。可别怪我说这些话。为了我是如此珍惜我们的名誉，你应该更加爱我才是。

——1789 年 3 月 16 日自维也纳寄妻

165. 那是这家伙应得的享受

6 月 1 日我在布拉格过夜。到了 4 日那天夜里——同我那亲爱的小妻子，把你那可爱的小窝收拾得漂漂亮亮的，那的确是这个家伙应得的享受。他的确是规规矩矩的。他心里唯一的念头是，取得你最甜蜜的——你自己去想象一下这个流氓是怎样的急不可耐吧!

——1789 年 5 月 23 日自柏林寄妻

译读者言：这几封“情书”中有的话在可解与不可解之间。中国古人张敞说得妙：“闺房之乐，有甚于画眉者。”我们又何必无聊地求之过深。从中好好感受一下他作为一个“人”的气息，倾听他“人性的呼唤”吧。

166. 尊严与快活

生活得尊严和生活得快活，是很不相同的两种事情。

要做到后者，我不能不求助于巫术——真的，要做到那样，真需要有超自然的力量——然而那又是不可能的。因为今天已不再有什么巫术了。

——1778 年 8 月 7 日自巴黎寄父

167. 我不是臣仆

竟不知我该怎样来写这信了！因为，我无法从惊讶中恢复平静。如果你仍然照这样看问题，这样给我写信的话，那么我也始终无法做到平心静气。老实说，来信中没一丝一毫能叫我认出是自己父亲的声音。父亲还是父亲，但已不再是天底下所有父亲中最好、最亲爱、总是关怀他自己和孩子荣誉的我的父亲了！

这无非恶梦一场，而今你已经梦醒，那么也无须我答复所提出的问题了。因为，我现在比任何时候都不想改变主意。

不过来信中有几处，我的名誉和为人受到了最无情的攻击，为此我不得不作出回答。

你说什么唯一能使我挽回名誉的办法就是放弃自己的决定。你怎么想得出这种自相矛盾的主意？你不想想，我会因为公开认错成了世界上最被人看不起的人吗？

维也纳人全都知道了我已经离开了大主教，而且全都知道其中原故——我遭到了他的侮辱，并且是三次受侮。我还能公开声明事实正与此相反吗——把自己弄成一个可鄙的角色，而大主教倒成了高贵的王侯？无人有力量做到前一点，我尤其不能。至于后者，唯有上帝才能做到，假如他乐于启示此人的话。……

难道你当真以为我是“不愿为你而牺牲自己的乐趣”？请问，在此地我有何乐趣？为了装满钱袋而不得不忍受痛苦与烦恼的乐趣？

如果你把那种从一个不付人薪金却只管把人折磨得要死的大人手中解脱出来看成是乐趣，那倒是完全说对了。那的确是我的乐趣。

如果我不得不日以继夜地埋头苦干，以此换得了避免在那个我简直不愿直呼其名的人手下讨生活，我也就快活了。只是迫不得已我才走了这一步。丝毫也不能再让步了，绝对不能！

为你着想，对于他们把我逼到这一步，我心里是极其难受的。原指望大主教能讲点道理，让我能把自己的这一生都献给你。为了让你欢喜，我至爱的爸爸，我心甘情愿不要自己的幸福、健康、性命——但，名誉，这却是我最宝贵的，超乎一切的；那对你来说也同样如此。

把我写的去念给阿尔可伯爵和全萨尔茨堡的人听好了。受过了那种侮辱，而且是一而再再而三，大主教哪怕亲手拿着一千二百弗洛林来抚慰我，我也决不肯收下。我不是臣仆，我不是不要脸的人。

如果不是为了你的原故，我不会第三回去等候着他见我，求他准我辞职而毫无结果的。

亲爱的爸爸，要我做什么都行，就是别再提这个。哪怕只是一想到此事，我便气得浑身发抖。别了，亲吻你双手一千次！

——1781年5月19日自维也纳寄父

168. 听大管家训话

大主教的大管家阿尔可伯爵：“一个人不可以在维也纳这地方把自己弄得昏昏然。相信我的话，许多人在这里红极一时。一上来是大家来捧场，赚钱不少。但是曾几何时，过了几个月，维也纳人就另找新玩意了。”

我回他：“伯爵你言之有理。但是你说什么留在维也纳？咳，我并不作此想。”

他又问我，难不成我没想想，连他这样的身份，也不免时常要吞声忍气？

我耸耸肩膀，然后回道：“你，有你的理由那样做；而我，自有我的理由不那样做。”

—— 1781 年 6 月 2 日自维也纳寄父

169. 萨尔茨堡不再是我存身之地

……最后，阿尔可伯爵把我推出门外，朝我屁股上踢了一脚。

好吧，用我们之间的话来说就是，萨尔茨堡从此不再是我存身之地了，除非给我个好机会，还他这一脚，哪怕是不得不在大街上这样干。

近几天内我就要写信告诉他，叫他等着瞧！

——1781 年 6 月 13 日自维也纳寄父

170. 哪怕等上二十年

那个骄横的笨蛋终究会收到我明白的答复的，哪怕他要等上二十年。再碰到他和还他这一脚，是同一件事。但愿我不是那么不走运，偏偏在神圣的场所碰到他。

——1781 年 6 月 16 日自维也纳寄父

171. 我的名誉是无价的

你被那些讲起话来低声下气的廷臣侧目而视，我并不感到奇怪。你又能拿此辈可厌的奴才们怎样呢！他们越是对你仇视，你应该越发对他们鄙视，而自己感到骄傲。

至于阿尔可伯爵，我只能相信自己的感觉与判断，不需要哪个夫人和先生来说长道短。心地高尚才会叫一个人高贵。我虽非伯爵，但我的名誉是无价的，可能比许多伯爵还要来得高贵。随他是个伯爵还是个奴仆，侮辱了我，他便是混蛋一个！

我先要指出他扮演的这角色是怎样的又坏又蠢。但作为结束，我不得不向他保证：他完全可以期待着有朝一日他屁股上会感受到我的靴子，外加一记耳光。

——1781 年 7 月 20 日自维也纳寄父

172. 你实在太软弱了

既然你要我为你免受烦恼着想，我也就没写信给伯爵，今后也不写。正如我所想的，你也实在太软弱了！

其实你不用顾虑，完全可以大胆讲话。就说你耻于让儿子受阿尔可那样的坏蛋欺负。你还应该叫他们相信，只要我有机会遇上他，我会以他理所应得的办法去对待他，使之终身难忘。

——1781 年 7 月 4 日自维也纳寄父

译读者言：莫扎特同大主教之间闹翻的这件公案，人所共知。通过他自己的话来报道，我们会更加感同身受。大管家把他踢出官门这一场面，只有他本人的话为凭。有人疑心，他是不是夸张了那情况，用意在于促使老父站在他这一边，同意他和大主教决裂。

他到底还是未能用自己的方式出这口鸟气。

像他这样硬是不低头认错，回到大主教门下当差，与低等仆役为伍，坐在一张桌子上吃饭，位置“在盐瓶以下”；这在当时的情势下是要有骨气才做得出的。他可以这样，海顿也许不想这样（设想他面对一个不讲理的主公）；而莫扎特做得不够痛快的，贝多芬便有了更进一步的表现。这固然是时势变了，然而也是因人而异，不能不想想贝多芬和歌德路遇王公贵人时一亢一卑的那个历史镜头！

此后除了结婚后回乡一次，连老父重病垂危他也不曾能回去诀别。须知，他同大主教的契约关系并未正式解除。如其他进入主公的领地，怀恨在心的领主将“仆从”扣押起来也不是做不出的。

173. 我是心地干净的青年人

人们的看法，凡是去跟一个贫女谈情说爱的，总是存着不良之心。而那个引诱人的字眼——maitresse，用我们的话说就是 h—e，的确是太有诱惑性了！

不过，我可不是布鲁耐蒂，也不是莫斯连乌斯克！我是一个莫扎特！而且是一个心地干净的青年人！

——1778 年 2 月 22 日自曼海姆寄父

译读者言：这是他在向父亲说明自己在外边是守身如玉的。两个外语，前一个是法语，后一词为德文，都是“卖笑者”之意。故意缺掉后一词中的“ur”，这同前面用外来语一样，都是为了避免太刺眼吧。

174. 一则桃色新闻

千真万确，出于对她的爱，皇上驱车出迎符腾堡公主伊丽沙白·维尔海姆·路易丝了。在维也纳此乃公开的秘密。

但人们搞不大清楚的是，她到底会做他的一个宠幸呢，还是将属于某个突斯堪的亲王？有可能是后者。

不管会怎样，以我的兴趣来说，他对公主未免爱得过了火。他老是去亲她的手，先吻这只手，再吻另一只，而且时而双手同时亲，真叫我感到惊讶。你要知道，她还只是个小姑娘呢！

——1781 年 12 月 5 日自维也纳寄父

175. 谆谆谈闺范

请求你好好思量一番，这些令人不快的事到底是怎么会发生的。

你居然告诉你的姐妹们，更值得注意的，是当着我的面，说什么自己曾让一个小伙子量过你的小腿！

没哪个爱惜自己名声的女性肯做出此种事来。朋友相处是有规矩的。许多情况都不可不考虑到。比方：是否只有亲密知交在场，自身是个小孩子呢，还是个待字的姑娘？尤其要想到的是，自己是不是已经跟人订了婚。

不过最为重要的是，是否有地位高于自己者在场。假如当时瓦尔德斯塔腾男爵夫人自己也允许别人这样做，那又是另一回事了。因为，她已经年华老大，谈不上什么卖弄风情了。再说，她这人对熟人是随便惯了的。

我盼望，亲爱的朋友，就算你不想做我的妻子，你也不要像她那么生活。如果你实在抑制不住要参与那种生活（那种生活即使对一个男人来讲也并不总是值得的，更何况一个女人家了），那么，老天在上，为什么你不能自己用带子量一下自己的小腿（正如所有的能自尊自重的女人在同样情况下都会如此行事），偏要容许一个轻薄男子那么干呢？

唉，即便是我，也万不能当着别人面对你这样子。我会将带子交到你手里让你自己去量。

更不该的是，让一个人量自己的小腿，对此人我又一无所知。

这一切总算是过去了。只要肯承认此种行为是有欠考虑的，就可让事情恢复正常。亲爱的，如果你不再因为我说这些而生我的气，那么，一切就会变得更好了。这说明我是何等地爱你——我不像你那么容易发火。我会思量、反省，而且也能体谅。别当感情的俘虏。即使在现在，我也敢肯定，康斯坦查照旧是一个正派、自重、热情而忠实的情人！

——1782 年 3 月 29 日自维也纳寄未婚妻

176. 反复叮咛

我的小妻子！我愿赤诚相告，你没有必要发愁。你有个爱你的丈夫，为了你他什么都肯去干。很高兴你日子过得愉快——当然高兴——不过，但愿你别在有的时候贬低了自己的身份！

你同某人，我看是太随便了。你同某某（当他在巴登的时候）也是如此。

想想看吧，某某同某某跟别的那些相熟的女人并不如此随随便便的。而且，在其他场合，某某原本是个举止得体的人，对女士们尤为尊重。你的举动误使他忘乎所以，竟在信里写出那种粗鄙已极的可憎之词来！

一个女子应该随时随地让别人尊重她，不然的话人家就会说闲话了。亲爱的，莫怪我直言不讳。只是为了求得自己安心，也为了共同幸福，我不得不如此。

记住，是你自己有一回向我承认过，自己往往太随便，……何苦让无谓的吃醋折磨自己……唯有自身行得正坐得正，一个做妻子的才能把丈夫的心锁得牢牢的。

——1789 年 8 月自维也纳寄妻

译读者言：信中的“某某”，原信中本有人名，后来被另一种笔迹涂抹掉了。

177. 康斯坦查小像

我的亲爱的康斯坦查是这一家中的受难者。可能正因为这缘故，她是这家人中心肠最好、头脑最清楚的，一句话，顶好的一个。

全部家务事她一手全包下了。可是在其他人的眼里，她什么也没干好。

哦，我的好爸爸，她那家庭里的种种，我可以全都写出来，都是我亲眼所见。但与其讲那些废话来烦扰你，还不如让你熟悉一下我亲爱的康斯坦查。她并不难看，也说不上美貌。她的美全在于一双小小的黑眼珠和一副讨人喜欢的体态。她不算个聪明人，但是有健全的头脑当个贤妻良母。有人说她性好奢华，那是无中生有；适得其反，她倒是寒酸的衣裳穿惯了的。这是因为她妈妈把本来就有限的几个钱全花在另外两个女儿身上了。是的，她也愿意穿得干干净净的，但她不追求时髦、漂亮……每天她都自己梳妆。最重要的是她会料理家务，而且有一副天下最善良的心肠。

——1781 年 12 月 15 日自维也纳寄父

译读者言：这可以说是莫扎特用心描画的一帧康斯坦查未嫁前的小像。当然是情人眼里的，也是为了打动父亲的心意而稍稍加了工的。同上面的信对照一下便清楚了。

178. 向老父传秘方

去弄一点马车轮子上用的润滑油，拿张纸包好，把这挂在心门口。再取小牛腿骨一根，上药铺店里买一个十字币的壁虎毒，一起包在纸里，放进口袋中。我包你能治好你的头晕病。

——1781 年 10 月 6 日自维也纳寄父

179. 以水代乳育婴儿

我打定主意不让妻子为孩子喂奶，不管她能否这样做，也不想让孩子吃别人奶，我要让他靠饮水长大，就像我同姐姐从小那样。岳母，还有很多人都劝我不要如此，理由是大多数婴儿用这办法喂养而夭折了。

——1783 年 6 月 18 日自维也纳寄父

译读者言：不必责怪莫扎特不懂科学常识。这是 18 世纪时代与文明进步并存的愚昧野蛮的一个小例子，是可以用来补充路威的名著《文明与野蛮》的好资料，其特殊的史感和莫扎特的旷世天才形成了一种奇特的对照！

开给老父的单方不但无效甚至有害是可想而知的。以水代乳法又如何？他的头生子，按他自己的话说是“一个茁壮的小子，圆滚滚的像个球”。但在他关于育儿法的指导之下，产生的结果是灾难性的：两个月大便夭亡了。

据考，当时的萨尔茨堡人以为哺乳有害于母亲或乳母的健康。但“水育法”也并非真是用清水喂孩子，是一种用大麦或燕麦为原料配制而成的半流质食品，正似中国人用米汤、奶糕等代乳品喂孩子一样。

180. 我宁可到巴黎去印

我还将写六首钢琴奏鸣曲。不过也不着急，因为，在此地既没法印，也没有人想订购。这是个穷地方，而且印刷商不肯负担成本费用，只想在售出后同我对半分成。因此我宁可到巴黎去刻印。那边的商人乐于收购新作品，出价也高，在那里也容易找到预订的顾客。

——1778 年 2 月 28 日自曼海姆寄父

我的奏鸣曲就要刻版了。至今还无人肯按我的讨价收购，所以我将只得让步，以十五金路易之价（等于一百五十古尔盾）卖掉它。为了使自己在此地扬名显声，此为上策。

——1778 年 7 月 20 日自巴黎寄父

至于我那三首协奏曲，即为叶耐梅而作的降 E 大调的，为洛佐乌伯爵夫人写的 C 大调的一首和另一首降 B 大调的；我将卖给那个给我刻印奏鸣曲的商人，只要他肯付现款。如果能办到的话，那六首技巧艰深的奏鸣曲也想照此办理。即便所获不丰，肯定比一无所得要好。

——1778 年 9 月 11 日自巴黎寄父

都怪格列姆的愚蠢，催我早点离开巴黎，我那些奏鸣曲至今还没刻版。也可能已刻而尚未印出。不管怎样我到现在还没收到它们。等我收到之后，一看之下，可能错误百出。其实只要我在巴黎至多再呆三天，就好亲自校对，也可随身带回了。刻印者一听我说无法亲自校对，要找个人代校，简直把他急坏了！

——1778 年 11 月 2 日自斯特拉斯堡寄父

六首奏鸣曲的预订已经开始，我将会有一笔进账。

……

订购之事进展良好。

——1781年5月19日/26日自维也纳寄父

以预约方式出版的只有三首协奏曲。代价为四杜卡特。

……

你用不着担心那三首协奏曲卖得太贱了。依我看，我毕竟还值一首作品一杜卡特。何况，我倒想知道，如果用抄本方式出售，有谁愿出此价买它呢？不等到征求到足够的订购数，我是不能让人抄写它们的。我已在维也纳日报上登过三次广告：预订卡四杜卡特一份，在我家发售，预订者到4月即可取得乐谱。

——1783年1月4日/22日自维也纳寄父

译读者言：这一束家信反映出作曲家为了出卖精神产品而耗费精神的苦况。

当时乐曲的出版有两种方式，一是抄本，一是刻版。刻版即在金属版子上用钢质的冲模把音符打上去，这种制版方法从巴赫以来便已盛行，他常常为己作亲手刻版。老莫扎特也会动手刻版。

从家信中看，莫扎特同出版商打交道还是老练的，但吃亏的终究是出卖心血者。不甘心受出版商的榨取，他也曾想绕过他们，自己直接找主顾。他用预约订购的办法，在自己家里出售钢琴协奏曲。他本指望靠这办法，使全部所得归己。信中所云的三首协奏曲卖四杜卡特，相当于十八古尔盾，约合现在的三百美元。然而这件生意不但失败，而且为此亏了债。无可奈何，只得又去找巴黎商人，最后还是在维也纳出版。

作曲家又离不开那些抄谱手。否则他又怎能向订购者出售小批量作品呢？于是代人抄谱也成了一种营生。就连那位和莫扎特同时代，《忏悔录》的作者卢梭也干过这行当。有盗印，也便有盗抄。作曲家的心血又往往成了盗抄者的利源，作曲家受害不浅。莫扎特在家信中反复叮嘱父亲务必小心防止盗抄，叫抄手来家里干活，予以监视，也是一种对策。

至于信中说及的校对问题，绝非小事。作曲者不能亲自校对订误，那后果是非常严重的。他生前出版的那些作品的版本，其中错误颇多，想来都不是他本人看过校样的。《G 大调钢琴协奏曲》（K.453）即其一例。

181. 我让你优先考虑

你或许听说过我写的有小提琴伴奏的钢琴奏鸣曲，那是此地的阿塔里阿公司刊印的。不过对维也纳的印刷与出版我并不满意，我倒愿意再度让一位同胞在巴黎出版自己的作品。此信便是要让你知道，我有现成的三部钢琴协奏曲，阿塔里阿想印。但，我的朋友，我让你优先考虑。

为免耽搁时日，我报出我的最低条件：只要你给三十金路易，那我们就一言为定了。另外我还有六部四重奏，倘愿一并出版，也乐于从命，但我也无意于卖得太贱。我的意思是，如果价格低于五十金路易，你不可能取得这些作品。

——1783 年 4 月 26 日自维也纳致巴黎出版商西伯尔

182. 怎样才能免受商人之欺？

我要问你一个自己弄不清楚的问题：假如自费刊印作品，我该怎样办才能保护自己不受刊刻者之欺？他们肯定是会为所欲为地多印许多份叫我吃亏的。唯一的办法是盯着他干。可是你又办不到，因为你在萨尔茨堡而他在奥格斯堡。我甚至想过再也不把作品卖给任何出版商了，只是自己出资刻印，征订出售。许多人这样干而且赚了不少钱。

——1784 年 2 月 20 日自维也纳寄父

183. 一部只开了个头的作品

有一个爱好者协会即将在此地成立，它就像巴黎的这类团体一样，弗兰泽先生将在其中担任弦乐的首席。为此我正在写一部为小提琴与钢琴演奏用的协奏曲。

——1778 年 11 月 12 日自曼海姆寄父

译读者言：平平淡淡的几句话，记录下一件再也无法弥补的大损失！

他想写的这首双协奏曲，除了留下 120 小节的残稿之外，再没有下文。而要是写成了，那么在他的全部协奏曲作品中，很有可能是一首有特殊光彩的杰作。因为，是在饱听了当时最出色的曼海姆乐队的精彩演出之后，他来了乐兴，要写这首雄心勃勃的作品的。它将是配器灿烂、效果辉煌的交响音乐，这是曼海姆乐队给他的启发。两件主奏的乐器都是他最拿手的。当时他的打算是自己弹钢琴，小提琴独奏则由他非常欣赏的弗兰泽担任。两件乐器同管弦乐队这三者之间，在他笔下会交织、交响出何等奇丽的效果，我们是既可想象又难以想象的了！可想象，有他的《小提琴、中提琴交响协奏曲》为依据；难想象，是因为莫扎特总是以其妙绪横生而叫人感到出乎意表的惊喜。

他没能完稿的作品还可以列举出一长串。同样可痛惜的是许多本来打算写而终于不曾动笔的作品。

184. 没写出的五首赋格曲

有时间、有机会的话，我打算再写五首赋格曲，呈献给斯维腾男爵。他搜集的音乐作品虽然为数不多，质量却很高。

——1782 年 3 月 20 日自维也纳寄姊

译读者言：这一打算并没有兑现。

类似的例子，如他答应过普赫伯格要为普鲁士的弗列德里希公主写六首容易弹奏的钢琴奏鸣曲，还要为普鲁士王作六首四重奏。后来，六首奏鸣曲只写了一首，四重奏只交出了半数。

除此之外，确实写过但已迷失得无影无踪的，翻开他作品目录看，曲名后面注上“已失”的，在交响曲一项中即有六首。

迷失之作中有一首小号协奏曲，我们真想知道他这首作品是怎样的。因为，小号本来是他从小厌恶甚至恐惧的乐器。

还有本已迷失，后又复出，却又真伪莫辨的例子，下面即是有关的书信。

185. 白费心血

现在来谈谈那首交响协奏曲的事。这又是一场 imbroglio！（译者注：意为杂凑在一起的几个互不调和的声部。）在这件事的幕后，我相信一定是有人捣鬼。因为，我在此地同样有冤家对头。我何处没有冤家对头呢！

不过这倒也可以说是个好兆头吧。这一来我可得好好下功夫干。四位独奏家原来和现在都非常喜欢我这首作品。圣灵音乐会的主持者勒·格罗说抄谱要用四天时间，可是我看见原稿总是放在老地方。前天我找不到它了，却又发现它被塞在一堆乐谱底下——藏起来了。

当时我不动声色，只向勒·格罗说了声："顺便问一下，协奏曲已经拿去抄了吧？""没有，我把这事给忘了！"

既然没法命令他做什么，我也就没再说什么。到了原定演出时间的两天之后，担任独奏的拉姆和朋托两人怒气冲冲地跑来问我，什么原故不演出那首协奏曲。我答："那我不知道。我还是头一回听到这消息。对此我一无所知。"拉姆用法国话把勒·格罗骂了一顿。

在这件事上最叫人生气的是勒·格罗对我一点风也不透，把我蒙在鼓里。哪怕他找个借口，比方说，时间来不及之类也好么——可是他什么也不说！

我相信，那个意大利“大师”叫卡比尼的是问题的根子。原因是我同他在勒·格罗家初次见面时我无意之中把他得罪了，他写过一些四重奏，其中一首我在曼海姆听到过，相当漂亮。我称赞了它，又在琴上弹了开头的一段。谁知拉姆他们硬要我弹下去，说是记不得的我反正可以即兴弹奏，我只得照办。卡比尼喜欢得了不得，说我是个了不起的人物。其实我知道，他并不高兴我这样做。

假如是在一个人人都有耳朵会听、有心肠能感受，而且对音乐能理解和品味的地方，那么对这一切我都可以付之一笑。但是（就音乐而言）我是生活在一群粗笨的畜类之中，叫我又怎能不这样看呢！

——1778 年 5 月 1 日自巴黎寄父

186. 他不演出此曲不上算

你知道，虽然我曾经天天同勒·格罗见面，但自从复活节以来我就再没找过他。因为他不演出我那首交响协奏曲，我太讨厌这个人了。

不演出这个作品，对他来说真是不上算，那肯定会打响的。——不过现在他就是想这么办也办不到了，像拉姆、朋托他们这样出色的四位管乐演奏家，现在上哪儿去找?

——1778年7月9日自巴黎寄父

译读者言：信中所说的作品是一首为四件独奏管乐器与乐队演奏用的交响协奏曲。这四件独奏乐器是双簧管、长笛、大管和圆号。

这事从此再无下文，以后从未演奏过。原稿何在也成了个谜，问题一直拖到当代。

今天，人们可以听到一首与此曲同名的交响协奏曲，但在莫扎特作品全目中，虽然也收录了它，却加上了一个“可疑”的附注。

那份被束之高阁的原稿，大概是勒·格罗扣住不还，或是丢失了。凭记忆再把它默出来，这在莫扎特本来并非难事。

但从信中“再上哪儿找四位能手”一语，可以猜想，那也许是他将此事搁在一旁的一个原因。一件无望很快演出或出版的作品，他是不能为它虚耗精神的。

将近百年之后，忽然出现了它的独奏乐器用的分谱。同原先配器不同之处在于长笛换成了单簧管，就根据这一份分谱，有人重构了全曲。今天我们听到的还有另一种版本，即独奏乐器仍用原先的四种。这事有点像对破损的出土文物进行修复!

虽然这一首得庆再生的名作已成为大家常听的节目，但人们仍不能无疑，也深感遗憾。这当然是因为，即使独奏部分是原作，乐队协奏部分却是别人补作的了。须知，莫扎特如何构思乐队部分，使之与独奏部分交响，那是令人莫测，无从代庖的。

所以，即便它的一部分是真迹，也是经过修整的，并非完璧了。这件公案同《安魂曲》的遭遇有相似的遗憾。莫扎特的不幸，又添上了一笔！

187. 也不免受宠若惊

我为布拉格写的歌剧《堂璜》大获成功一事，大概你已经听说了。但还有个对你也许是新的好消息：皇帝陛下已录用了我，许我为陛下效劳了！

——1787 年 12 月 19 日自维也纳寄姊

188. 皇上把我带进他的家庭了

……又及：要答复你问我关于新职务的问题，我可以告诉你：皇上把我带进他的家庭了。所以，我如今已经有了个终身之职啦！目前的薪俸只有八百古尔盾，不管怎么说，在皇上的家臣中还没哪个领取这样大的数目。

——1788 年 8 月 2 日自维也纳寄姊

189. 毛遂自荐

出于成名的愿望，也为了对乐艺的热爱，同时也是怀着对自己博识多能的自信，我敢于提出申请担任宫廷副乐长这一职务。

我有一个特别应予说明的根据是，萨列里这位才能卓越的正乐长，在宗教音乐方面从来未去钻研；反之，本人对这方面的乐理，自幼便透彻地了解过了。

——1791 年 5 月自维也纳寄弗朗西斯大公

译读者言：这好不容易才谋求到的差使，他说得那么兴高采烈的，也不过是奥皇任命他为宫廷的室内乐师，但却是个终身职务。他的前任是歌剧大改革家格鲁克，莫扎特接他的班可以说毫无愧色。不过说来又令人可气，前任所享受的薪俸是二千古尔盾一年，更伟大的大师的所得还不及此数之半，而他还不得不为自己解嘲。

可见，这块“连城壁”待价而沽了好些年，终于也只得权且贱卖了。

不妨回顾一下，原先他屈身在萨尔茨堡大主教的矮檐下，只当了个“宫廷副乐长”，不支俸给，白侍候。直到1772年，在“最谦卑地申请”之下，才准于发给年薪一百五十古尔盾（按1990年水平折算的话，约相当于三千美元）。不过这也许可以说明他何以不得不满足于维也纳宫廷给他的八百古尔盾吧！

对大主教的顶抗，遭到有伯爵称号的宫廷大管家给他屁股上一脚，踢出宫廷。蒙羞受辱，莫此为甚，二百余载之下犹令人愤愤！

以受辱的代价摆脱羁绊，勉强成了个“自由职业者”，然而他头上仍然是悬着一把达摩克利斯之剑的。虽然两年过去，仍然不敢回家省亲。因为家臣身份并未正式解除，一发觉他胆敢潜回自己领地，大主教是不难将其拘囚起来的。

由于这件公案，这个小小领地上的王侯柯罗雷多大主教成了恶名昭著之人，已经遗臭二百来年了。可罕者，生于1732年的这个政教双权一身二任的贵族，据考却是伏尔泰与卢梭的崇拜者，在这一点上与赏识莫扎特的奥皇约瑟夫二世相似。据云此人于在位之时实行过某些开明措施，其中包括对教会音乐机构与活动加以整顿，以减少开支云。

莫扎特不肯受萨尔茨堡宫廷的气，后来却情愿当维也纳宫廷乐长萨列里的副手，乃至违心地以能当上奥皇廷臣为荣了。

下编

一位音乐家的自白

我不会写诗，因为我非诗人。

我没有能力把对象安排得有光有影，因为我非画家。

……

然而，这一切我都可以用声音来做到，因为，我是一个音乐家！

——1777 年 11 月 8 日写给父亲的信

190. 各种人都会喜欢

说到关于听众口味的问题，你可以用不着为我担心。这是因为，我写的歌剧音乐，各种各样的人都会喜欢的，除了那些长耳驴子。

——1780 年 12 月 16 日自慕尼黑寄父

191. 音乐应该让听众喜欢

音乐决不应该不好听，应该让听众觉得喜欢。或者换句话说，不应该不成其为音乐。

《后宫诱逃》中的《近卫军合唱》短小精悍，生气勃勃，完全会令人满意。我是按照维也纳人的口味来写的。

——1781 年 9 月 26 日自维也纳寄父

192. 不应该墨守成规

如果我们作曲家总是死守着那一套法则——那在当时是最

好的法则，因为没人懂得更多——那么我们炮制出来的音乐就会像一些歌剧台本作家编凑的东西那样索然无味。

——1781 年 10 月 13 日自维也纳寄父

193. 可以做到新而不怪

格拉夫演奏了一首他写的双长笛协奏曲，我担任了乐队中的第一小提琴手。

我觉得这个作品一点也不入耳，一点也不自然。作者不时突如其来地跳进另一个调，但毫无美感可言。

最后，搬了一架楔槌键琴进来，我弹起了自己的作品。格拉夫先生站在那儿听呆了。大概，他本来总以为自己在各调之间瞎转一气的那一套很不凡吧，此刻才发现，一个人可以做到更不寻常，却又并不刺耳。

——1777 年 10 月 14 日自奥格斯堡寄父

194. 音乐表现切不可过火

激情，无论如何强烈，切不可以表现得过火，令人反感。

音乐即便是在表现最恐怖的情景时，也不该做得叫耳朵难受。

——1781 年 9 月 26 日自维也纳寄父

译读者言：话虽不多，分量不小。论者以为，这是莫扎特音乐美学中的神髓。

195. 我想写一本书

万事万物有中庸之道，这道理如今既不为人所知，也无人能领会了！为了博得掌声，许多人要么写些空洞无物的东西，连马车夫也能唱；要么就写得晦涩难解，然而正因其为正常人所听不懂反而受欢迎。

这并非我要同你在信上议论的问题，但我倒想写一本书，一本音乐入门。书中用例子说明问题，不用自己的名字发表。这一点几乎是用不着说的。

——1782 年 12 月 28 日自维也纳寄父

译读者言：他无意之中透露的这个打算终于没有能实现，他并未动笔写。真乃人类文化一个绝大的损失，令人遗憾无穷！

写这封信时，他正走到了一个里程碑前。献给海顿的一组弦乐四重奏，已完成了其中的第一首。即《G 大调四重奏》（K.387）。

这一组重大作品出版时，他说这乃是“长时间辛勤劳动的果实”。

在此之前的六个月中，他还完成了另外两部杰作。一是《A 大调钢琴协奏曲》（K.414）。那是他跨进所谓“维也纳时期”在钢琴协奏曲方面第一部成熟的作品。另一部是《后宫诱逃》。在这部歌剧的写作上他花了一年的工夫。不难想见，当其在室内乐、歌剧与交响音乐这诸方面都作了成功的探索之际，对于音乐的目的、本质与规律这些重大问题，自己觉得有很多要一吐为快的话，是很自然的了。

他并不是只靠灵感一动、乐上心来，便一挥而就的。他自己说过，写作时，“喜欢构思、研究、深思熟虑”，并且“宁肯慢慢儿地仔细思量着写”。

他的音乐美学有三条基本要求：动人，适度，有效果。

音乐一定要能打动人，“动人心”。这在他看来是至关重要的。所以，作曲家就得合理地认清听众的口味（但并非迎合）。又不可越出天然的界限，要留心做到恰到好处。这就是要适度。

最可注意的，他对于“有效果”这一条特别强调。看来这实际上是在谱曲时他高度关注的问题。

看他的手稿吧，数不清的改动，乃至全部推翻，另起炉灶。隐含于此中的良苦用心，不正为了创造一种最好的效果？

在某种程度上，“有效果”可以看成新颖的同义语，是追求出人意表，避免陈腐。但是它也包含着要注意真实的戏剧性和诉之于感性的魅力。正是在“效果”这个汇合点上，他那个美学的“三角形”完成了。

假如有人从以上这些话中引出：莫扎特是形式主义者，那就大谬不然了。适得其反，他的音乐，最重要的是表达与表现，而其所表达与表现者，乃是作曲家的所思与所感。

196. 因为我是音乐家

我不会写诗，因为我非诗人。

我没有能力把对象安排得有光有影，因为我非画家。

我甚至也不会用手势和体态来表达自己的思想感情，因为我非舞蹈家。

然而，这一切，我都可以用声音来做到。因为，我是一个音乐家！

——1777年11月8日自曼海姆寄父

197. 误人不浅的学习方法

斯坦因先生把女儿宠上了天。她才八岁半年纪，学什么都凭记忆。

但她将来会有出息的，因为在音乐上她颇有天资。不过，靠现在这种学习方法不会有什么长进，她将永远无法提高弹琴的速度。她那种练习方法其实是在极力地把一双手弄得笨重失灵。

——1777 年 10 月 23 日自奥格斯堡寄父

198. 为罗莎写照

卡纳比希的长女罗莎十四岁了，又好看又讨人喜欢，像她这样小小年纪，应该说是非常聪明懂事的。稳重、不多话，一开口却又那么活泼而又温柔。

昨天，她又一次叫我觉得说不出来的欢喜，她把我写的那首奏鸣曲全部弹了，弹得很有感情。

年轻的丹纳尔问起我是怎么写那篇行板乐章的，我说我是尽量使其逼肖罗莎小姐的性格。等到我自己弹奏这首乐曲时，大获成功，她果然就像我那篇行板的音乐。

——1777 年 12 月 6 日自曼海姆寄父

译读者言：这首《C 大调奏鸣曲》（K.309）是他对曼海姆派乐风的一种回响。人们把他这一首和 K.311 称为“曼海姆奏鸣曲”。

莫扎特未见得真是在为罗莎画像，但是当他谱写此作时，信里用文字描述的那些特点肯定对他的灵感起了某种作用，当然他决不会像 19 世纪的作曲家那样去作“音画”。

今天我们听这一乐章，如果按他信中写的话去对证曲中意象，多半会落空的。音乐中那些忽强忽弱的力度变化对比，正是曼海姆作曲家爱用的一种手法；却也有人觉得，它们像是提示了一个调皮鬼的形象。

音乐学家阿伯特·爱因斯坦是研究莫扎特的大权威。他的说法是，“既然我们对罗莎的具体情况无所知，所以也无从判断这幅音乐肖像画得像不像”。他倒觉得这个乐章的音乐是温柔善感的。于是又推论道：“用另一首‘曼海姆奏鸣曲’即《D 大调奏鸣曲》（K.311）中的《行板》来对照一下，就可知莫扎特是多么不在乎‘写实’了。另一篇《行板》也被说成是写罗莎的，那却是非常孩子气、非常天真的音乐。也许，人们要按莫扎特信里写的话来听这篇音乐吧？”

199. 音乐也忘了自己了

《后宫诱逃》中奥斯敏发火那一节，我把它处理成喜剧效果，用了土耳其风格的音乐。其中，咏叹调唱到听上去像要完的地方，他怒气越来越大，速度变成“非常快的快板”，节奏和调性全变了。这地方肯定会有很好的效果。当一个人在怒火万丈的情况下，忘乎所以，不顾一切，那么，音乐也应该忘了自己。

不过，激情不论如何强烈，也切不可表现过火，引起反感。作为音乐，哪怕是表现最恐怖的情景，也不要让耳朵受罪。而是要让人乐于听它。或者换句话说，不要不成其为音乐。

正因为如此，我没有把音乐转入同原调 F 大调疏远的调，而是用了它的关系调——不用最近的 d 小调，用了更远的 a 小调。

让我们改谈贝尔蒙特的咏叹调吧，你可想知道我是怎样表现剧中人的情绪，连他们的心跳都叫人听见？那是用两把小提琴相隔八度演奏的音型。听过的人都会喜欢这首歌，我自己也喜欢它，我是按着歌手阿姆伯格的嗓子写的。人们可以看到他那战栗的样子，看到他那吞吞吐吐的神情，听到他那搏动的心是怎样的越来越激动。我用力度上的渐强来显示这个。你也听得见轻声悄语和叹息，这是用了加上弱音器的第一小提琴和长笛的齐奏。

——1781 年 9 月 26 日自维也纳寄父

译读者言：一个作曲家，尤其像莫扎特这样伟大的人物，透露自己的创作意图，所用的手法，如此具体，这真是珍贵异常的资料！然而，提醒大家，听那音乐时切不可忘记，音乐不等于绘画，歌剧也不等于话剧。

200. 异乎常人的乐感

（在听他人所作之曲时）如果我听到了一个用得不坏的乐想，一定不会长久保持那感觉。不久便会变——是变得美妙吗？不！是变得难听了。

这又有两种可能，要么是这个乐想尚未展开便又接上了另一个乐想，以致完全损坏了它；要么是作曲者没能将其润色好使之保持原有的品质。或者是它没有被安排在恰当的地方。或者就是配器不当，把它给糟蹋了。

——1777 年 11 月 20 日自曼海姆寄父

译读者言：虽然没有学习作曲的野心，但我们看了他这议论，至少是同作曲家靠近了一点点。

201. 耐着性子教作曲

德·吉内小姐是跟我学作曲的。我非常怀疑她有没有这种才能，在如何去发展一个乐想上尤其如此。如果她在这方面找不到什么灵感——目前她确实没有，那她的学习就不会有什么结果了。老天知道，我无法教给她灵感。

今天给她上第四课。就和声学与作曲理论的学习而言，我对她相当满意。第一首小步舞曲那个题目，她配的低音很不错。曲调是我出给她的。她已经开始在学写三声部和声了，可是不要多久就厌烦了。我又无能为力，因为不能加快进度，即便是个天才，也嫌太快，何况，不幸的是她并非天才，一切还得按规矩办。

她找不到什么乐想——灵感毫无，各种可能用的办法我都试过了。有个想头是给她一个简单的小步舞曲主题，想试试看她能否写出变奏，可是不成。我想，也许她是不懂怎样起头，于是就给她开了个头，教她照那样子往下写，结果还算不错。

这道题目作完了，又让她自己写个高音部的曲调。她想了又想，足足一刻钟之久，毫无所得。我便写下了四个小节，说道："瞧我这蠢驴！我开了个头，可是写不下去，帮我来完成它吧。"她觉得自己肯定办不到。费了好大的劲，到底还是搞了点东西出来。

说实话，头一次看到有点成效，我真是太高兴了，便要她做完高音部分，但回家去把我写的那部分改成自己的创作。如有必要，和声仍用我的，但曲调要改写。

——1778年5月14日自巴黎寄父

译读者言：他这种教学法不但有此信中的生动描述，还可从他另一个学生的作业本子上找到对证，就是幸而保存下的英国人托玛斯·阿特伍德的本子。

老师先为一首四重奏的小步舞写下第一段的小提琴旋律与低音，由学生补写第二小提琴与中提琴声部，再把其后两段创作出来。另一回的作业，他只写出第一段的旋律和第二段的低音，其余的部分由学生完成。

202. 用它教算术比教作曲有用

从信中才知道，你还没见过福格勒的《和声学与作曲艺术》。正好，我刚刚读过。他这书，用来教算术比教作曲更有用。

著者自称，他能在三星期之内教出一个作曲家，六个月内教出一个歌唱家。可惜至今还未见他做到这一点。

——1777 年 11 月 13 日自曼海姆寄父

译读者言：据他的好友、崇拜者，爱尔兰歌唱家凯利（Michael Kelly）1826 年回忆："我决心钻研对位法，便去请教他，我该跟谁学。

他讲：'我的好孩子，既然你要我出主意，我愿坦白地告诉你，当初你在那不勒斯的时候，如果还不曾另有打算，那你这样做可能是明智的。但是如今你已经在从事舞台艺术，那就应该把全副精神放到那上头，还想去搞这种枯燥的学习便不值得了。

你应该相信我说的，你天生是个对旋律性敏感的人。枯燥的对位法练习，只会把你弄得昏头胀脑。要想想那句名言：一知半解是危险的。假使你写的东西里面有毛病，世界各处的音乐家会同声指责。所以，还是不要去干扰自己的天性吧！'"

看来他是认为，错误的教学法非徒无益而且有害了！他既不赞成福格勒那种枯燥无味的教本，也不赞成凯利学对位法。但他自己倒并不害怕在学习上绞脑汁。有个为他写传的尼梅茨切克引他的自述："人家如果以为我的作品是来得容易的那就错了。对你说吧，没有哪个像我这样地在作曲法上狠下苦功的。几乎没有一个有名的作曲家的作品我不曾仔细研究，并且多数是反复研究过的。"

203. 最主要的是掌握节拍

南耐特・斯坦因弹琴抓不住最根本的东西。音乐中，最主要又最难掌握的是节拍。她之所以不能遵守节拍，是由于从很早以前便养成了完全不按节拍弹的坏习惯。

对于我的自始至终都能严格地按照拍子弹奏，大家都叹赏不置。

——1777 年 10 月 24 日自奥格斯堡寄父

204. 那种视奏同拉屎没什么分别

福格勒乱七八糟地弹了我的《C 大调协奏曲》。第一乐章弹成了极快板，行板乐章弹成了快板。至于第三乐章回旋曲，信不信由你，他把它弹成了极快极快板。

低音部分他总是不按着谱上弹。他时而又在和声上别出心裁，甚至连旋律也自作主张加以改动。

用那样快的速度弹，一切便都无从说起了。这有何价值？那样的视奏，在我看同拉屎没什么分别。听众只好说是看到了音乐和演奏。他们同弹琴的人都没听到音乐。没有理解，没有感受。你不难想象，那是多么叫人受不了！

把一个曲子弹得快些，比弹得慢些要来得容易。在某些段落中你可以略掉一些音，听的人不会注意的。但那样做美妙吗？弹得快时，左右手的交换不会引起注意。但是那样做美妙吗？

——1778 年 1 月 17 日自曼海姆寄父

205. 不要把赋格弹得太快

我是有意在那首赋格曲上标出“威严的行板”的，用意在于提醒人们别把它弹得太快了。因为，一首赋格曲如果不弹得慢一点，耳朵来不及辨认主题的进入，那么结果会是效果全无。

——1782 年 3 月 20 日自维也纳寄姊

译读者言：当然不可认为莫扎特一概不赞成用快速度演奏音乐。下面这封信便是一例。

206. 能多快就多快

《D大调交响曲》第一乐章一定要用火一般的热力演奏。最后那个乐章，越快越好，能多快就多快。

——1782年8月7日自维也纳寄父

译读者言：话又说回来，照他看，演奏音乐更常见的通病是偏快。他妻子回忆说，莫扎特最不喜欢的是有些人把他的歌剧音乐弄得太快。

207. 论自由速度

弹一篇柔板中间自由速度的段落，左手应该严格保持那拍子。

——1777年10月24日自奥格斯堡寄父

译读者言：所谓自由速度（rubato）是一个饶有兴味的话题，它另有个名目叫“偷拍子”，似乎更能说明其特点。

他对此一问题的看法，显然渊源于家教。老莫扎特在其关于小提琴演奏的名著中认为：“一个有技巧的伴奏者，应该了解他为之伴奏的那个独奏者。如果那是个名手，那么，伴奏一定不要去跟他走，照旧维持住拍子，否则就会把自由速度的效果糟蹋了。这种偷拍的演奏法，做给人看比说起来更容易。从另一方面说，假如伴奏者要对付的不过是一个自命不凡的角色，那么，他在一篇如歌的柔板中就不得不把一个八分音符拖上半个小节之久，直等到独奏者从神经病发作中恢复过来为止。这时候就谈不上什么拍子了，因为像是在唱宣叙调了。”

虽然他是如此强调严格按照拍子演奏，但也有不受拍子约束的例子。

208. 不必拘泥于拍子

但愿你能解读这首前奏曲最后的部分。你无须拘泥于拍子，这是一首特里特别的乐曲，是那种任人随心所欲去处理的音乐。

——1778 年 7 月 20 日自巴黎寄父

译读者言：此曲似乎已经迷失了！

209. 准确地演奏与表现

这首《C大调奏鸣曲》的行板乐章会给我们带来很大麻烦。因为，它非常抒情，又必须准确地弹奏才行。要按谱上所标记号，弹得强弱分明。

——1777年11月14日自曼海姆寄父

译读者言：此处所涉及的也便是见之于前面信中的所谓“罗莎小像”的那一曲（K.309）。

看得出，他对演奏的要求是既要确切地表达乐意，又不该牺牲演奏的准确。他总是将此二者相提并论。他的意思似乎是，准确地表现乃是准确地演奏的结果——假定曲谱上有明确的标记的话。

那么，他赞成不赞成演奏中即兴加花呢？这又是一个有趣的话题。

老莫扎特提到过，当时七岁的小莫扎特批评过一位演奏家：“他增加了太多谱上没有的东西。他应该照谱上写的去弹。”

家信中没有什么其他的资料，但是人们知道，他并不反对即兴加花这种当时通行的做法。不但不反对加上即兴的华彩之类，而且赞成在主题反复时加以装饰。例如《降B大调奏鸣曲》（K.570）。他还为自己的作品作了可以加花的指示。

210. 九十六人组成的乐队

你问我是否见过朋诺这个人。嗳呀！正是在他那里又一次演奏了我的交响曲。前天的信里我忘了告诉你，我的交响曲在这场音乐会里演奏得很出色，大获成功！

这次有四十把小提琴，木管乐器都加了一倍。有十把中提琴，八把大提琴，十把低音大提琴，还有六件大管。

——1781年3月11日自维也纳寄父

译读者言：那就是说，一共大概有九十六位演奏者。即弦乐六十八，木管二十六——长笛、双簧管、单簧管、圆号、小号各四件，再加上大管六件，还有定音鼓与键盘乐器。

这儿说的交响曲，是《巴黎交响曲》还是另一首（K.338），有不同的推测。

211. 这儿的乐队很棒！

这儿的管弦乐队很棒！每一边都有十到十一把小提琴，四把中提琴，二件双簧管，二件单簧管，二件圆号，四把大提琴，四件大管，四把低音大提琴，二支小号和定音鼓。

这支乐队能奏出优美的音乐。

——1777 年 11 月 4 日自曼海姆寄父

译读者言：像这样的乐队，总计有四十八到五十名演奏者（莫扎特没有提到的还有一个键盘乐器演奏者）。其规模几乎相当于萨尔茨堡宫廷乐队的一倍半了。萨尔茨堡乐队在 18 世纪 70 年代的后几年中共约三十四人。

212. 曼都亚、克里蒙那的乐队

曼都亚的歌剧院令人喜欢，管弦乐队也不坏。克里蒙那的乐队是优良的。

——1770 年 1 月 26 日自米兰寄父

译读者言：曼都亚歌剧院的乐队，小提琴只有六把，可见其小了。克里蒙那的乐队有十把小提琴。

从以上这些信里，看不出他对乐队规模大小有何想法。但是乐队编制不但是对乐史感兴趣者关心的问题，而且这关系到如何才能再现莫扎特作品的真实面貌。

不少人主张，如果用一个莫扎特时代的乐队，也即所谓双管编制的乐队来演出他的交响曲，包括协奏曲，其效果会更加符合作者所想达到的意图。而要是用现代这种庞大的交响乐队，时代风味与个人特色就会走样了。

213. 她唱到人心里去了

一般的那些花腔唱段，听众很快就听厌了。……阿洛西亚·韦伯小姐不是那种唱法。她唱到人心里去，而且她喜欢唱得圆润流美。如果去了意大利，当然她不得不唱华丽炫技的咏叹调。但是毫无疑问的是她不会把原先的唱法丢了的，因为那是她的天性。

——1778 年 2 月 19 日自曼海姆寄父

214. 不可做得过分

安·拉夫演唱时很容易地便唱得圆润如歌，想当年他年轻而已成熟的时候，他这唱法必定是极为动人，一下子便会把听众迷倒的。我想说，这是我喜欢的唱法。

但他又做得过分了。所以常常又叫我觉得有点可笑。

——1778年6月12日自巴黎寄父

译读者言：他要求表情要恰当。这也说明了他为何讨厌那种一味追求华丽炫技的唱法。他主张要唱得圆润婉转，要雅致地运用必要的颤吟、滑音和渐强渐弱唱法。对于音乐中的含意与情绪，歌手当然应该理解，表达得有力量而又不夸张过火。

215. 演唱辅导

希望注意谱上的表情记号。好好想想歌词中的含意。把自己放在曲中人的地位上——想象你就是那个人。

——1778年7月30日自巴黎寄阿洛西亚

译读者言：1777年他雄心勃勃地谱写了一部音乐会独唱曲（K.272）。这是一部力作，实际上可以看成是一部四乐章的独唱康塔塔。一年之后，当他得知当时他已深深爱上了的阿洛西亚将演唱此作时，特地写信去辅导她。

216. 滑音唱法

我真盼望你能听听韦伯小姐唱我新谱的咏叹调，那首歌绝对是适合她来唱的。一位像你这样的音乐家，深知何谓滑音唱法，一定会对她的演唱感到完全满意。

——1778年4月7日自曼海姆寄父

译读者言：滑音即“portamento”。这种技法既用于歌唱也用于小提琴等弦乐器的演奏。有趣也令人纳闷的是，在老莫扎特那本名著里，却并未使用这一术语，虽然他描述了这一技法。

217. 颤音唱法

当凯泽小姐唱一个延续了好几小节的长音时，她那渐强渐弱唱法效果之美妙，使我吃惊了！

颤音她唱得稍慢，这我非常喜欢。这样唱法如果接下去需要唱得快些，也就能更加清楚、稳当了。因为把颤音唱得快总是要比唱慢容易的。

——1777 年 1 月 2 日自慕尼黑寄父

218. 对颤声的看法

人声天生是会颤动的，但是应该听其自然地颤动，也唯有如此才会有美好的效果。

这本来只是人声的本色，人们却不但在弦乐器而且也在管乐器上去模仿它，甚而至于在键盘乐器上也想如此。然而一超过适当限度它也就不再悦耳了，因为违背了自然。

难听的颤声叫我想起了管风琴风箱的喘气。

——1778 年 6 月 12 日自巴黎寄父

译读者言：前面信中说的“颤音”即“trill”。这封信中的“颤声”即“vibrato”。二者不同。

在歌唱与器乐演奏中是否运用颤声，中西方的传统固然不一样，西方也有不同情况，即使是在所谓美声唱法中，它也随时代而异。莫扎特所不赞成的那种不自然的颤声，许多人还误以为是洋嗓子的特色呢!

小提琴上仿人唱颤声的奏法，一名揉指或颤指，也不是从来就如此的，它的盛行乃是18世纪以后之事。

至于信中所云的在键盘乐器上仿颤声，只有楔槌键琴(clavicord)上能做到。其他键盘乐器都不可能。有的钢琴弹奏者喜欢在钢琴上作揉指状，其实是对琴音毫不起作用的。

219. 我弹琴不做怪样子

弹琴的时候，我并不做什么怪样子，然而却弹得那样地有乐感。斯坦因承认：从来没有什么人能从他制造的钢琴里搞出这么好的效果来。

——1777年10月24日自奥格斯堡寄父

220. 斯坦因小姐弹琴

凡是见到、听到南耐特·斯坦因弹琴而不发笑的，那他一定像她爸爸那样是个石头人儿。

她不对着键盘中部，却面朝着键盘的高音区坐。坐在那一头是为了便于自己乱舞乱动和做鬼脸。她眼珠子骨碌碌地转个不停，又爱傻笑。每重复弹一段音乐，她故意放慢了弹。如果是再重复一遍，还会弹得更加慢。

——1777 年 10 月 24 日自奥格斯堡寄父

221. 如果我是她的教师

如果我是罗莎·卡纳比希的正式教师，我就要把她所有的谱子统统收起来，在键盘上盖上一条手帕，然后让她这样练：先练右手，再练左手。只练经过句、颤音、回音，等等。一开头要很慢地弹，弹到每只手都彻底练好了为止。然后，我愿意把她教成一个第一流的钢琴家。

说来真乃一大憾事。有那么好的才能，视谱能力也不差，天生的灵巧敏捷，而且又弹得如此富于乐感！

——1777 年 11 月 14 日自曼海姆寄父

222. 这却要归功于我

罗莎如今能够在任何人面前弹琴了。作为一个只有十四岁的爱好者，她是弹得相当出色了。这却要归功于我，这是曼海姆人全都知道的。她现在弹得高雅，颤音也会弹，拍子准确，指法也有了很大改进。这一切，她过去都是做不到的。

——1778 年 4 月 24 日自巴黎寄父

223. 一架出色的楔槌键琴

我很自幸我能在斯坦因造的一架优质楔槌键琴上一直弹了三刻钟。

这是一架出色的乐器！

——1777 年 10 月 14 日自奥格斯堡寄父

224. 我寓中有两架羽管键琴

我寓所中有两架羽管键琴。一架可用来弹那些格调轻的音乐。另一架全部加配了低八度的弦线，其声有如管风琴，于是我便在这架琴上即兴地弹奏赋格曲。

——1781 年 6 月 27 日自维也纳寄父

译读者言：这是很有趣的乐史资料！他那个时代正好是一个键盘乐器新陈代谢的世纪，而传统与新兴的乐器又同时并存。原先广为流行的羽管键琴和楔槌键琴，此时渐有下世的光景，快要完全让位于异军突起的钢琴了。

莫扎特早在神童时代便已掌握了那两种古老的键盘乐器。一接触了在制作上日新月异的钢琴，他又很快便驾驭了它，并且精通了它的弹奏技巧。再加上可以说是无师自通的管风琴，他便成了所有键盘乐器的演奏权威。要知道，虽然都有一副同样的黑白键盘，那弹奏的技巧却是很不一样的。

钢琴当时正处于发展中，对这种新乐器的制作工艺方面的新情况，他怀着很大的兴趣。书信中多次出现的这个斯坦因，正是钢琴制造史上重要的制造家。他不但造出了当时最为优良的钢琴，还发明了几种有奇特功能的键盘乐器。信中的南耐特，他的爱女，后来并未做钢琴家，而是继承父业，成了维也纳的钢琴厂经营者。

225. 谈斯坦因制作之琴

我要谈谈斯坦因的钢琴。在我看到他制作的琴之前，施佩特牌的琴一直是我爱用的。但现在我更加看中了斯坦因琴，因为它的制音器性能更好。当我弹得重时，一把手指举起，或者仍旧轻轻地留在键上，声音立即戛然而止。不论你如何触键，声音总是均匀的，没有某些音强某些音弱或是听不见的毛病。一句话，发音是均匀的。

当然，这样的乐器低于三百古尔盾他是不卖的，可是他付出的辛劳就难以用金钱来计算了。

他的琴有个特殊的优越性是用了“断联”装置。肯在这上面下功夫的制琴者，一百个人里只有一个。假如不用这种装置的话，那就避免不了在放键之后小槌乱击琴弦的毛病。当你弹一个键时，小槌会跳回去乱打一气，不管你是按住键还是放了它。

他告诉我，每一架琴完工之后，他就坐下来用各种各样的走句、琶音试弹，一直要调整到没有什么毛病才罢。这样干他是出于喜爱音乐而并非为了多赚钱。不然的话，他可以早早完工了。他常这样说：“要不是自己对音乐有兴趣，也对弹琴之道略知一二的话，我早就不耐烦干这一行了。可是我确实喜爱一架那样的琴，一架不会叫弹的人失望而且经用的琴。”

他的琴也真是经久耐用。他担保自己做的琴音板不会开裂，每做好一副音板，就放在露天里，任凭日晒雨淋，让它开裂，再用木楔和胶把它修补好，使之异常坚牢。见到这样的开裂他反倒高兴，因为这样一来，以后便再也不会发生问题了。

这样精心制作的琴他已经完成了三架。今晨我又弹过其中的一架。

在慕尼黑我多次演奏自作的六首奏鸣曲，全是凭着记忆弹的。最后的那首，在斯坦因琴上弹，听起来妙极了！这种琴上的制音器，用膝控制，也胜过别种琴，一碰便灵，只须膝部稍微一动，根本听不到什么杂音。

——1777 年 10 月 17 日自奥格斯堡寄父

译读者言：大师赞名琴，既为钢琴史补充了重要文献，又叫人感受到他对于得心应手之器和新鲜事物的浓厚兴趣。

信中说的那个“断联”装置，在钢琴“进化史”上是关键性的创造。钢琴之生命、灵性，可以说同这东西性命交关。靠了它，琴槌便不会失控，钢琴之所以能得心应手，端赖这一发明。

他虽如此赏识这种琴，不知何故，后来却并未拥有一架。到底他何时才有自购之琴人们也无所知。身后遗产中的那琴却是安东·沃尔特制作的，由康斯坦查给了儿子卡尔。后来卡尔把它献给了萨尔茨堡的莫扎特学院，至今犹存。当代居然还有人用它录制了莫扎特的作品，其中有《g 小调钢琴四重奏》（K.478）和钢琴协奏曲。凡是想知道他所弹之琴是怎样的与今琴不相似的人，求真者也好，怀古者也好，都应该听听那录音，那是莫扎特作曲时心目中的声音，那也是极富史感的声音！

226. 同克来门蒂的一场较量

举行过仪式之后，皇上宣布，由克来门蒂先弹。于是他先作了即兴弹奏，然后弹了一首奏鸣曲。皇上转面向我："来吧，开火！"我作了即兴弹奏和变奏，大公夫人拿出几首帕西埃洛作的奏鸣曲，是手稿，抄得很糟糕。规定我弹快板乐章，克来门蒂弹行板和回旋曲乐章。然后，我们再各自从中挑出一支主题来加以展开，在两架琴上演奏。好笑的是，我虽借用了图恩伯爵夫人的琴，但只在自己独奏时才能使用它，这是皇上的意思。——顺便提一下，那另一架琴是走了音的，而且有三个键卡住了。皇上说："没关系。"那好吧，对他的话我尽量从好的方面去理解。就是说，我的音乐才能他反正是心中有数，现在无非是对一个异邦人士示以特殊的礼遇罢了。

再说，我从一个极其可信的来源得知，皇上是非常喜欢我的。他待我很是宽厚，同我个别谈了许许多多话，乃至于提到有关我婚姻之事。

——1782 年 1 月 16 日自维也纳寄父

227. 他是个机器人

克来门蒂弹得不坏，但这也只是就他的右手技巧而言。他最大的本事在于弹那些三度走句。

除此之外，在情趣或乐感方面，他是一文不值的。一言以蔽之，他是个机器人。

——1782 年 1 月 12 日自维也纳寄父

228. 弹那种作品又有何益？

克来门蒂的奏鸣曲，除了些六度、八度的走句之外，并没有什么精彩之处。我恳求姐姐别把这种地方练得过分，免得有损她那安详、平易的触键，那么她的手也才不会丧失其自然的轻巧，平滑而有弹性的迅疾。

说到底，练他那些东西又有何益？就算你真的把六度、八度弹得快到极点（无人能做到，即便克来门蒂也做不到），你也不过是弄出一种糟透了的瞎砍乱剁的效果而已，除此之外别无所得。

——1783 年 7 月 7 日自维也纳寄父

译读者言：莫扎特同克来门蒂在奥宫进行的这场御前比赛（时间在1781年12月24日），是人们很感兴趣的乐史要闻。演奏比赛，古来常有，巴赫、亨德尔也同人赛过。

这场交锋究竟谁高谁低，并无定论。一般的说法是莫扎特占了上风，但也有认为难分高下的。莫扎特对于对手的评价，似乎很难认为公允。克来门蒂那一方对莫扎特的看法倒是相当尊重。据他的学生回忆，克来门蒂说："在此以前我还从未见过有谁弹得如此优雅而有生气。"一年之后，莫扎特提到克来门蒂时还有更难听的话："那是个卖狗皮膏药的。"事隔多年，这话公开出来，对克来门蒂的声名颇有影响。

其实他对音乐有好几方面的贡献。他写的钢琴奏鸣曲，至今还值得演奏。许多小奏鸣曲不仅是琴童必练的，也是很耐听赏的小品。他的三大卷教学巨著《名手之道》，今天仍受到重视。

229. 谈小提琴演奏

小提琴手伊·弗兰泽有一种非常圆润美丽的音质。他从来不丢一个音，所有音符你都听得清清楚楚。他拉的顿音很漂亮，一弓拉出，上弓下弓都行。从来没听到有谁拉双颤音有他这样好。

——1777年11月22日自维也纳寄父

230. 有点儿老派头

罗斯费希尔用他自己那种技法拉是拉得不坏的（稍微有点儿老派头，像塔替尼的拉法）。

——1778 年 8 月 27 日自日耳曼寄父

译读者言：《魔鬼的颤音》的作者塔替尼，死于此信之前八年。莫扎特说他老派头，大概是想着他那装饰过分的风格。

老莫扎特这位教学权威是德奥派，对于意大利学派的塔替尼可能也不大以为然吧。当时的另一位理论权威匡茨，也批评过塔替尼的演奏。

231. 何以人人喜爱意大利歌剧

何以意大利喜歌剧人人喜欢？——尽管它们那剧本编得多么可怜，甚至在巴黎也这样。在那里我目击了它们大受欢迎的情况。

这正因为，音乐的作用凌驾一切。人们听着那戏里的音乐，其他的都不去注意了。

——1781 年 10 月 13 日自维也纳寄父

232. 我想写一部音乐剧

我一直想写一部这样的音乐剧，记不清曾否跟你提起过此事了。当初就是因为看了两回这样的音乐剧，简直太高兴了。真的，从来不曾有什么戏剧叫我如此感到惊讶，我还曾认为这种戏是一定不会成功的哩！

在音乐剧中没有歌唱，只有说白，音乐只是像宣叙调的伴奏。音乐进行着，其间念起了台词。这样做效果很好，我看的那部戏是本达的《美地亚》。

——1778 年 11 月 12 日自曼海姆寄父

译读者言：此时他也正在构思着一部音乐剧，叫《赛米拉米斯》。后来又将所作的歌唱剧《查伊德》中的两段改编为音乐剧的形式。

233. 找不到好的台本

说到写歌剧的事，困难在于找不到好台本。老的本子倒是写得好的，但是不适合如今的风格。新写的台本全都不能用。

法国人唯一有理由为之骄傲的诗歌，也越来越不像样了！

——1778 年 7 月 13 日自巴黎寄父

234. 要我写歌剧我决不畏难

我可以向你保证，如果有人找我写一部歌剧，我决不胆怯。不错，法国这民族的语言一定是魔鬼创造的——我完全想得到作曲者在这上面将会面临的困难。尽管如此我还是能克服它，一如别的作曲家那样。

不但没有畏难情绪，一想到——其实我时常在想——我取得了写一部歌剧的委托，我浑身像是点起了火，从头到脚都战栗起来。我要教训一下那些法国人，让他们真正认识、领教、惧怕我们德国人。为什么从来不曾把一部大歌剧交给一个法国人去写？为什么总是让一个外国人来写？

在这件工作上，我最讨厌的只是那些歌手。好吧，我已经做好了准备。

——1778 年 7 月 31 日自巴黎寄父

译读者言：充满了自信与自豪，真是如闻其声！虽然对法国人和法语有成见，却又事出有因，情有可原。

所谓的“外国人”，指的当然主要是意大利人。但也有一位德国人，即格鲁克。

235. 诗艺应做乐艺听话的女儿

我以为，在歌剧中，诗艺完全应当做乐艺的听话的女儿。

一部歌剧，如果情节设计得巧妙，那它是一定会成功的。仅仅是为了音乐，才需要歌词。不该为了趁韵而胡编乱凑，那不但不能加强效果，反而分散听众的注意力——我说的是，那些不适当的词句甚至整篇的歌词破坏了作曲家完整的构思。

最理想的情况是要有一位这样的作曲家，他懂得舞台艺术，而且善于提出好的建议来配合那个本身也能干的诗人。能做到这样，那又何愁得不到听众的喝彩，哪怕是无知的听众。

——1781 年 10 月 13 日自维也纳寄父

译读者言：歌剧中诗（剧）与乐的关系，是个大话题。自从歌剧艺术诞生以来，歌剧改革家都要在理论与实践上回答这问题。莫扎特的主张是鲜明的，他的实践是辉煌的。然而，直到瓦格纳、威尔第，这个问题并不能说是已经解决了。瓦格纳要革旧式歌剧的命，创造全新的“乐剧”，但他所标榜的却是反对那种只重乐不重诗与剧的做法，他要把这三者平等地统一起来。

236. 主要的问题在于音乐

哼！瓦雷斯科竟怀疑这部歌剧是否能取得成功，我认为这是对我的莫大侮辱！有个问题他应该清楚，如果音乐写得不行，那他的剧本决不会受到欢迎。因为歌剧的主要问题是音乐。

瓦雷斯科如果指望这部戏取得成功，而他也取得酬劳，他就得改动剧本，重新安排其中角色。我想怎么改，他就得怎么改，不能只凭他自己的想法写；因为，他对于舞台上的事一窍不通。你甚至不妨让他知道，他写不写这剧本并没什么了不得，这戏的情节我已经了解了，因此他不写别人也能写。

——1783 年 6 月 21 日自维也纳寄父

译读者言：要写的是《开罗之鹅》，一部趣歌剧，后来还是没写成，只作了一首三重唱。另外有六曲仅仅打了个草稿。

此事正是他"重在音乐"的一个实例。但那种少年气盛的声口也是活灵活现的。

237. 量体裁衣

我写一首咏叹调，要让它完全适合某位歌手唱，就像是一套裁制得完全合身的衣裳。

——1778 年 2 月 28 日自曼海姆寄父

译读者言：非常重视音乐的效果是他的一条原则，此信中所云可以作其注脚。

后来瓦格纳也极重视演唱者同所唱的音乐要合适，常常为了物色一个中意的歌手不辞亲自出马四出访求。

有所不同的是瓦格纳是去找一个人来唱他已写好的音乐，莫扎特则有时悬想着某人歌喉的特点来谱他的咏叹调。

238. 作曲家要有自己的考虑

越是从舞台演出的角度来考虑《伊多梅纽》中这首四重唱，我也就越想把它写得更有效果。听我在琴上弹它的人都觉得好听，只有拉夫不以为然，认为它决不会有好效果。

他私下里对我说："你不能那样处理，我在其中没机会发挥。"

我所能说的只是："假如我知道其中有一个音符应该改写，那我马上就改掉它。可是在这部歌剧里它是我最喜欢的乐曲，等你听到它完整地唱出来时你就不会这样说了。为你写的那两首咏叹调，我用了很大心思去写，让它们完全符合你的心意。可是对涉及重唱的问题，作曲家必须有自己的考虑了。"

——1780年12月27日自慕尼黑寄父

239. 未有歌词，已有音乐

既然我们把《后宫诱逃》中的奥斯敏那角色交给费希尔先生演，他的确是个出色的男低音；那我们就应该利用这一点，尤其因为他这个人是维也纳人全都倾倒的。

但在原来剧本中奥斯敏仅仅有一支小曲子，除了参加三重唱和大合唱他就没什么唱的了。因此我让他在第一幕里唱支咏叹调，第二幕也有他一首咏叹调。

我告诉了剧本作者我需要什么样的歌词。实际上在剧作者知道这个以前，大部分音乐我已经心中有数了。作曲时我想让他那漂亮的低音响若洪钟。

——1781年9月26日自维也纳寄父

译读者言："诗应做乐的听话的女儿"，又是一例！

240. 精心选剧本

宫廷剧院监督洛森伯格伯爵亲口向我提出，要我写一部意大利歌剧。为此我已托了人在意大利去找最新的趣歌剧剧本，好从中选取，不过迄今还未收到什么资料。

——1782 年 12 月 21 日自维也纳寄父

译读者言：《后宫诱逃》大获成功，鼓励了他再写一部，为此首先要找到一个他满意的剧本。

241. 看了一百种剧本

至少我已经看过了不下一百种剧本，可是没有一种是叫我满意的。这就是说，在这些剧本里，这儿那儿需要改动之处太多了。即使那作者愿改，对他来说倒不如另写一部新的更省事。

我真是太想表明自己有能力写一部意大利歌剧了！因此我想，只要瓦雷斯科不因为《伊多梅纽》那件事生我们的气，他应当能为我写一个有七个角色的新剧本。

——1783 年 5 月 7 日自维也纳寄父

译读者言：瓦雷斯科写了《开罗之鹅》，莫扎特没有完成此剧的音乐，前面已提到。

242. 选剧本必须细看好几遍

寄来的歌剧剧本，由于手头事情太多，简直抽不出一点空来看。

像你这样有卓见、有经验的，自然比我更懂得，一部这样的剧本，必须极其仔细地阅读，不是读一遍而是好几遍才行。但至今我连不间断地读一遍的工夫也没有。聊可奉告的是，我还不想还掉它。因此，请将尊作暂留我处如何？

——1785 年 5 月 21 日自维也纳致安东·克来恩

243. 否则我只好自己动手删

《伊多梅纽》第一幕和第二幕中，父子争吵的几场戏都嫌太长了，这肯定会叫观众厌烦。尤其因为第一场里所有的演员都不行，第二场的演员中有一个也是如此。除此之外，其中所交代的都是观众已经一目了然的情景。

这几场照原样印出也不妨，不过我希望作者说明一下他将如何压缩。缩减的幅度尽可能大一点——否则我只好自己动手删削了。总之这两场不可能保持原状——我是说如果要为它配乐的话。

——1780年12月19日自慕尼黑寄父

244. 宁可短些

《伊多梅纽》第三幕的排练进行得很顺利。大家认为它比前两幕精彩，但剧本太长，弄得音乐也跟着冗长了（我始终有此看法）。“神谕”那一段改后仍嫌太长，于是我便将其再改短些。但此事可不用告诉剧作者，因为，印出来的本子仍然同他写的一样。

——1781年1月18日自慕尼黑寄父

245. 对剧情发议论出主意

《伊多梅纽》中，哀悼的合唱后，国王与臣民退场了。接下去的那场，舞台指示说：“伊多梅纽跪于神殿中。”这是绝不可能的，他应该带着全体侍从进来才对。这儿必须放一支进行曲，所以我已经写了一支简单的，只用小提琴、中提琴、大提琴和双簧管各两件，轻声奏出。音乐进行中，国王出场，祭师们准备祭神的牺牲品，然后国王才下跪，开始祝祷。

埃勒屈拉唱过宣叙调，发自地下之声讲了话之后，剧本上此处应有指示："人们离去。"

依我看，大家无缘无故让她一个人留下，如此匆忙地离去，是十分可笑的。

——1781 年 1 月 3 日自慕尼黑寄父

246. 音乐不能被打断

《伊多梅纽》第二幕伊利亚的咏叹调中必须照我的意图稍稍改一下。此处那一句旁白的词句是好得不能再好了，然而出现了一种我一直感到不自然的情况——我认为，在一首咏叹调中插进旁白是很别扭的。如果是对话，迅速插一句旁白，那当然很自然的。但在咏叹调中歌词需要反复，插进旁白效果就很不妙了。我宁可要一首不被打断的咏叹调。

——1780 年 11 月 8 日自慕尼黑寄父

247. 二重唱要全部删掉

《伊多梅纽》第二幕中的两首二重唱，要全部删掉。因为，你只要把这一场从头读一下，就会看出，再加进一首咏叹调或是二重唱，戏就显然会变得又松又冷场，这也会弄得其他角色无所事事，尴尬地站在一旁。不但如此，伊利亚同伊达曼特之间一场庄严的斗争也就会由于拖得太长而效果全无。

——1780 年 11 月 13 日自慕尼黑寄父

248. 周密地考虑舞台效果

《伊多梅纽》第二幕最后一场，伊多梅纽在合唱曲之间有一首咏叹调，这倒不如只用一首有乐器好好地衬托着的宣叙调为妙。因为这一场的情节本身加上芭蕾教师勒·格兰最近排练的群众场面，它会成为全剧中最引人注目的一场戏，舞台上将会热闹异常。这时插进一首咏叹调，会显得不伦不类。

更有一点，剧情中有雷雨大作，那么，当拉夫先生演唱之时，雷声不大可能已经消失了吧。因此，改为宣叙调，绝对是更好的。

——1780 年 11 月 15 日自慕尼黑寄父

249. 配器与舞台效果的设计

为那一阵发自地中的声音伴奏，只用五件乐器便够了。也就是三把长号、两个圆号，要把它们放在传来地下之声的同一位置上。此时，整个管弦乐队默然无声。

——1781年1月3日自慕尼黑寄父

译读者言：从以上这几封关于歌剧《伊多梅纽》的书信中，可以看出他对歌剧的写作是如何地把全副精神都用上了。从剧本的挑选，对剧中情节、唱词的删改，直到舞台效果细节的处理，处处显得他的才识过人而又那么严肃认真，充分说明了他绝非只凭天才与灵感写作的。正因此，他那几部歌剧才经得起二百多年时光的磨洗而愈增其魅力。

250. 因地因人制宜设计歌剧

设想一下，假如我们萨尔茨堡歌剧院除了那好哭的玛格达仑娜以外再没有别个女歌手，又将如何？

当然，实际情况并非如此。但还是不妨来设想一下，现有的其他女歌手中一个突然要生孩子了，第二个关进了监牢，第三个被鞭打致死，第四个砍掉了脑袋，第五个可能是被什么妖怪呼地一声捉走了，那又会怎么样呢？

没关系——我们还有一位阉人歌手在，不妨让他时而扮男的，时而又扮女的好了。

我们可以把剧作家马塔斯塔西阿从维也纳请来，至少请他为我们写一打剧本，其中，男女主角要彼此不会碰头。如此一来，我们的阉人歌手便能够同时扮演男女情人，而剧情也便因此而更加有趣——他和她竟有意回避当众交谈，观众也就会为其品德之高尚而叹赏不置了！

——1778年8月7日自巴黎寄约瑟夫·伯令格

译读者言：西方古时为了不让少年歌手长大之后变声，便施行阉割手术，使其在成人后仍然可以唱女高音或女低音声部。此即阉人歌手。

他们的嗓音很有特色，既有女性那样高的音域，却又有她们唱不出的音色与力量。所以，如今要演出17、18世纪的歌剧，如果其中有原来用阉人歌手扮演的男角，只好改低八度，交给男高音来唱，这样一改，效果大为减色。何况在重唱与合唱中也搞乱了原来的和声配置，于是又只得改由女歌手女扮男装来演，终究不如理想。莫扎特的《伊多梅纽》中，伊德曼特一角的唱段，当年就是为阉人歌手谱写的。

251. 越俎代谋

关于《开罗之鹅》一剧，最紧要的是情节一定要有真正的喜剧性。如果办得到的话，他应当安排两个对等的女角色，一个是性情庄重的，另一个半庄半谐，二者在剧中同等重要而且显眼。第三个女角则可以完全是个滑稽人物。男角也可作如此安排，如果剧情需要的话。

——1783 年 5 月 7 日自维也纳寄父

译读者言：瓦雷斯科把这戏写成了“诱拐剧”，估计他是受到了《后宫诱逃》一剧成功的启发。

在两人书信往来交换意见中，他明确地表示，对于他的口味来说，那情节是太无聊了。虽然勉强接受下来，终于半途辍笔。

252. 为《开罗之鹅》动脑筋

你、瓦雷斯科，还加上我自己，都疏忽了剧情中的一个漏洞，而那是会产生很糟的效果，甚至弄得全盘失败的。剧中两个主要的女角虽然按照剧情来看一直在城堡的棱堡或防御墙上走来走去，却直到最后一刻才出现于舞台上。即使有耐心的观众能忍耐一幕那么长，肯定不能再等上一幕，这是不言而喻的。

在林茨我便想到这个问题。我看唯一的解决办法是把第二幕的几个场面安排在城堡里面进行。

有一场可作如此安排，当堡主吩咐把那只机器鹅拿进来时，舞台上出现的应当是室内景，两个女角都在场。另一个带了机器鹅上场，藏身鹅中的情郎溜了出来。一听见堡主来到，情郎立刻又变成了鹅。

当此之时，来它一首写得好的五重唱是很合适的。让那只鹅也不住口地一起唱，场面就更加引人发笑。

我得告诉你，我之所以并不完全反对这部“鹅传奇”，唯一的理由是两个比我更有见识的人没有否定它，我说的就是你和瓦雷斯科。

我想，要是那情郎乔装打扮成一个土耳其人或别的种族的，作为一个贩奴者；堡主的弃妇则化装为摩尔人女奴，利用堡主想买女奴的机会，他们得以混进堡里，她便可以大大羞辱他一番了。……

——1783 年 12 月 6 日自维也纳寄父

译读者言：半途而废的这部歌剧情节如何，我们用不着去理会它。选择此信，无非因其可以让我们了解莫扎特对歌剧创作的用心良苦。

253. 词写得好谱曲也顺利

伊利亚在《伊多梅纽》第二幕第二场中的咏叹调，歌词写得太好了，是一首可爱的诗。

由于它写得极为自然、流畅，我谱曲时没有碰到什么因词句别扭而产生的麻烦，写起来十分顺畅。

——1780 年 11 月 8 日自慕尼黑寄父

254. 反复推敲字眼

寄来的咏叹调歌词，演唱者拉夫同我都不能满意。

在这首拉夫要在最后唱的咏叹调中，我同他都希望能有一些更加温和悦耳的词句，而寄来的歌词中有些字眼是生硬的。总之，那种牵强的、生僻的词儿对一首应该唱得动人的咏叹调来说是不相宜的。

——1780 年 11 月 29 日自慕尼黑寄父

拉夫对重新写的歌词中一些字眼非常恼火：rinvigorir 与

ringiovenir 这两个词，特别是 vienmi a rinvigri 中那五个“i”！

的确令人恼火，在咏叹调的末了用这样的词儿，唱起来是非常不舒服的！

——1780 年 12 月 27 日自慕尼黑寄父

拉夫唱的这首咏叹调，真叫我伤脑筋，你得帮我克服困难。他受不了那两个词儿，这弄得他对整个咏叹调都倒了胃口。另两个词也不好唱。最糟的是最后这两个，为了避免“i”这个字母影响颤音难唱，我只得把它改成了“o”。

——1780 年 12 月 30 日自慕尼黑寄父

译读者言：不用第一稿，是因其有两个词生硬，又难以单独重复。几天之后寄来了重写的二稿，仍然不如意，于是有了几乎是抠字眼式的吹毛求疵。然而就像中国词人讲求声韵合律一样，字眼的妥贴对于发挥演唱的音乐效果是很重要的。

最后的结果是瓦雷斯科又交出了一篇新的歌词。这一回，由于其中用了一些有和谐的“o”与“a”而非难唱的“i”的字眼，再加上歌词中有一种宽慰的情调，才获得作曲家与歌手的一致首肯。

255. 为剧本修辞

我把《后宫诱逃》中的“Hui”那个词改成“Schnell”。

真不懂我们的德国诗人是怎么想的！就算他们不了解剧场或歌剧院的情况，也不该叫剧中角色讲话像是对着一群猪吆喝：吁，猪猡！

——1781 年 9 月 26 日自维也纳寄父

译读者言：“Hui”在德语中是驭手赶马声“吁”，“Schnell”则是“快”的意思。

256. 评价剧本

说到《后宫诱逃》的剧本，我看得出，它并非上乘之作，然而合用。而且，同已经在我头脑中嗡嗡作响的音乐是那样地不谋而合。我愿意打个赌，演出的时候不会发现什么缺陷。对于已经写好的歌词，我没有什么不同意的地方。贝尔蒙特的咏叹调，歌词太适合谱曲了。除了两处地方，这首歌词是写得不坏的，特别是第一部分。

在歌剧中，诗歌当然是同音乐最分拆不开的要素——但，纯粹为了押韵而写诗，那是最要不得的。

——1781 年 10 月 13 日自维也纳寄父

257. 任何人听了不会打瞌睡

寄上《后宫诱逃》序曲的前十二小节。此曲很短，曲中有交替出现的强奏与弱奏，土耳其风的音乐都在出现强奏时加进去，曲中转了几个不同的调。任何人，哪怕他看戏的前一晚害了失眠症，我不信他听了此曲还想打瞌睡。

——1781 年 9 月 26 日自维也纳寄父

译读者言：所谓“土耳其乐”，指的就是喧闹的打击乐，时人对这种噪声和仿土耳其风的曲调都很感兴趣。莫扎特和贝多芬都有一首广为流传的《土耳其进行曲》。而且莫扎特在其《A 大调小提琴协奏曲》的末乐章中也忽然插进来一段土耳其风的音乐。

258.《后宫诱逃》大受欢迎

报告我的戏受欢迎的前一封信，希望你已安然收到。昨天再次开演。原指望结束处的三重唱会得到成功的，倒运的是费希尔出了岔子。这一来，害得杜尔也乱了，剩下阿丹伯格一个人无法再往下唱，破坏了整个效果，所以这一回没有被要求再来一遍。

我（还有阿丹伯格）火得简直无法克制自己，我立即宣布，如果不把歌手再排练一下，就决不让再演了。

第一晚演出，第二幕中几首二重唱都被要求再来一遍，还外加一首贝尔蒙特的回旋曲。昨晚剧场甚至比第一场更拥挤，第一天是连预订票都卖完了。无论是正厅前排还是楼厅的三层和包厢全都客满。演出两场，我的歌剧收入一千二百古尔盾。

——1782 年 7 月 20 日自维也纳寄父

259. 我不愿让它变得老一套

我的戏昨天第三场演出，以纪念圣安妮节，赢得极大掌声。尽管天气热得可怕，剧场又一次被挤得满腾腾的。

下星期五还要再演，但是我提出了异议，我不愿让它变得老一套。

我敢说，对我这个戏观众是绝对地着迷了。一个人能得到这样的赞赏，的确是件好事。

——1782 年 7 月 27 日自维也纳寄父

260. 一谈起话来就是《费加罗的婚姻》

六点钟我乘马车来到了所谓布雷特非尔德舞会。我看到那里所有的人都合着《费加罗的婚姻》中的音乐尽情地跳。这些音乐被改成了方舞和德国舞曲。此地人一谈起来就是《费加罗的婚姻》，一开口唱起来、吹起口哨来也是《费加罗的婚姻》中的曲子。

再没有别的戏像它这样吸引人了。没有，只有《费加罗的婚姻》！对我来说这真是无上的荣耀！

——1787 年 1 月 15 日自布拉格寄父

261. 最令人愉快的是无言的赞赏

我刚从歌剧院回来。剧场满座，一如前几场那样。有些唱段被要求再来一遍。

但是，使我始终感到最愉快的，是观众的那种无言的赞赏。

——1791 年 10 月 7 日自维也纳寄妻

译读者言：“无言的赞赏”这几个字，他用了斜体字，以示强调。知音识货者的默契比满堂彩声更叫他欢喜，这也可以见出他对艺术的态度。

此信所说歌剧是《魔笛》。

262. 忍不住亲自上场

当帕帕杰诺唱起那支有钟琴伴奏的咏叹调时，我抑制不住心里的冲动要亲自参加演奏，于是便走到边幕后边去，这无非是要开开心而已。等到帕帕杰诺唱到一个休止的地方，我便在钟琴上奏了个琶音。唱此一角的希坦德那吃了一惊，朝边幕这边一看，看见了我。等他唱到另一处休止时，我却又没奏。这下子他不肯往下唱了。我猜到了他的意思，便奏了个和弦。他把手里拿的假钟琴敲了一下，发话道：“住手！”观众都觉得好笑。

我想这个玩笑正好提醒许多观众，剧中人并不是用他手中的道具来奏响乐声的。

顺便说一句，你不晓得，从一个靠乐队很近的包厢里听到的乐声是何等好听，那是要比从楼厅上听到的更好的。

——1791 年 10 月 8 日 /9 日自维也纳寄妻

263. 真正是大师之作

星期三那天在卡纳比希家有场音乐会，韦伯小姐唱了我作的两首咏叹调，其中的一首为她和我博得了难以用言语形容的光荣。在场的人人都说是从未有一支咏叹调叫他们如此感动的，其实她只是表达了曲中原有之情而已。才一唱完，卡纳比希便高声叫道：“妙，妙极了！大师！真正是大师之作！”乐队成员也谈论个不停，赞不绝口。

——1778 年 4 月 24 日自巴黎寄父

译读者言：信中说的咏叹调原来是巴赫之子 J.C. 巴赫作的。莫扎特受其感染，乐兴油然而生，拿原词另谱一曲。他是按着阿洛西亚 · 韦伯的歌喉与演唱个性精心制作的，演唱效果之佳原在意料之中，而他也为己作与意中人的成功得意之至。下面的信中，此种得意之情更是跃然纸上了。

264. 欲知其妙只有听她唱

估计箱子已寄到了，从中你可以找到我为韦伯小姐写的那首咏叹调。

在乐队伴奏下此歌效果之妙，你是想象不到的。只看谱，无从判断那实际效果。欲知其妙，唯有听韦伯小姐那样的歌手来唱它一下。

——1778 年 12 月 3 日自曼海姆寄父

265. 一件非常难办的事

我正在做一件非常难办的事：为一篇游吟诗人的颂诗谱曲。词作者是德尼。但此事不得外传，因为，有位匈牙利的夫人想以此作为对其人的赠礼。

这篇颂诗写得庄严华丽，尽善尽美；可是在爱挑剔的我看来，未免失之于夸张、浮华。

——1782 年 12 月 28 日自维也纳寄父

译读者言：为谱曲叫苦畏难，这在乐思泉涌的他是罕见之事。也正同前面那部半途而废的《开罗之鹅》的情况相似，显然是歌词的不理想唤不起灵感，造成了这篇颂歌的未完成。原诗共十一节，他只为其中三节打了个草稿。

害得他白费心血的这个诗人，是维也纳的一位教授。

266. 一部歌剧的流产

现在我正要为自己写一部德语歌剧，已选中的剧本是哥尔多尼之作《一仆二主》。第一幕现已译毕，译者为宾德男爵。但是，在全部弄好之前我们暂且保密。

——1783 年 2 月 5 日自维也纳寄父

译读者言：这时他正应罗森伯格之请写一部意大利歌剧，一头栽进了选脚本的事务，看了至少有上百种剧本，已见前信。

他是很想以哥尔多尼这部名著作为台本写出一部德语歌剧的，可惜终于未能如愿，但他有两首残存的德语歌词咏叹调，一为 K.416b，一为 K.416C，说不定就是其中的一部分。

他的未竟之作并不止这些。例如，对写作教堂音乐，他始终感兴趣。据他夫人回忆，他对此种体裁有钟爱。假如想借家庭喜庆日给丈夫一个意外的惊喜的话，那她就偷偷地安排人演奏一首海顿兄弟俩所作的教堂音乐新作品。

定居维也纳之后，他写过两部圣乐，是纪念碑式的巨作，然而只有残躯。这便是《c小调弥撒曲》与《安魂曲》。还有些没写完的《慈悲经》《光荣经》。

267. 宗教音乐今不如昔

纯正的宗教音乐作品，如今只好爬到堆放杂物旧货的阁楼上去翻寻了，那里有蛀坏了的谱子！

——1783年4月12日自维也纳寄父

译读者言：对于音乐的许多方面，他倾向于推陈出新，这也是他用实践证明了的，但对于宗教音乐他却有不同的态度，上面这信颇像是今不如古的慨叹了。

他又以为，人们的音乐口味是在不断地变化。这种变化也波及了宗教音乐，而这是他不以为然的。

268. 未完成的弥撒曲

我打算写一部宏大的新弥撒曲，拿它献给卡尔·西奥多选侯。……

在我为德·让写那几篇长笛协奏曲的时候，作为一种调剂，我写点别的东西。例如，钢琴与小提琴二重奏，或者写我的弥撒曲。选侯如果驾到这里，我会很快就完成它。……

噫！选侯不死就好了，我就会完成那部弥撒曲，演出它。它将在这里引起轰动。

——1777 年 12 月 10 日 /1778 年 2 月 14 日 /
1778 年 2 月 28 日自曼海姆寄父

译读者言：他没完成的作品，是一个惊人的数目。据有人统计，大致上每四首完成了的作品便有一件断简残编！换言之，完成之作与未完之作为四比一。其中，宗教音乐所占比例很小，但却包含了两部特殊之作。其一便是人所共赏的绝笔《安魂曲》。另一首是前面提到的《c 小调弥撒曲》。前者未写完，原因自明。后者，还有其他的，之所以没往下写，无非是因为这种精神产品既然无望转化为物质报酬，那当然只好搁笔了。而人类于是无可挽回地损失了那么多无价之宝！

269. 白费心血

霍次包尔乐长交来一部《求主怜悯歌》，其中的合唱写得比较弱，圣灵音乐会的指挥勒·格罗要我来重写一部分。

不妨说，我是乐于了结此种卖乐生涯的。因为当一个人既不能在家里作曲，时间又如此之紧，于是干这种活儿便成了苦役。

谢天谢地，我总算搞完了。现在但愿它能取得我期望的效果。

我在那些合唱上所下的功夫白费了。因为霍次包尔的《求主怜悯歌》写得又长又不讨好，于是我改作的合唱四首只演了其中之二，而且最好的那首没用上。

不过我无所谓。知道我写了这些合唱者寥寥无几，很多人对我这个人根本不认识。不管怎么说，排练时掌声热烈非常。我虽然并不在乎巴黎人的称赞，但对自己写的作品还是相当满意的。

——1778 年 3 月 5 日 /5 月 1 日自巴黎寄父

270. 胎死腹中

下次大斋期，我要作一部法国清唱剧，在圣灵音乐会中演出。

——1778 年 7 月 9 日自巴黎寄父

译读者言：此曲后来并未动笔。

271. 无有下文

我将在这里写一部弥撒（这是作为一件重大机密告诉你的）。所有的知交全都劝我写出来。

——1778 年 12 月 29 日自慕尼黑寄父

译读者言：此事无有下文。

272. 半部弥撒

半部弥撒的谱稿，至今还躺在这儿等待完成。它是我确实作了允诺的最好证明。

——1783 年 1 月 4 自维也纳寄父

译读者言：这是他在家书中唯一提到《c 小调弥撒》的话。“允诺”是怎么回事，不得而知。过了十个月，此曲演出于萨尔茨堡（康斯坦查还客串唱了其中一首独唱曲），仍旧只有半部。他只是将《慈悲经》与《光荣经》写完整了。写完了的还有《圣哉经》《降福经》。《信经》他只为头上两章写了个草稿，后面没往下写。自《羔羊经》以下根本没动笔。

很可能是因为此时他的注意力转向了两部歌剧的写作，其一即《开罗之鹅》，因而中断了弥撒曲的写作。然而，双重遗憾的是，那两部歌剧也同样都成了未完成之作！

273. 让鉴赏家与外行人各得其所

为了完成那组征求预约的钢琴协奏曲，还有两首得赶写出来。

这些协奏曲是一种技巧难度适中的作品，介乎艰深与浅易之间。它们是灿烂的，入耳动听，自然而又不空洞。其中有些段落，既可让美食家觉得过瘾，而外行人也不至于无动于衷，虽然他们并不知其所以然。

——1782 年 12 月 28 日自维也纳寄父

译读者言：这里说的是从 K.413 到 K.415 那一组钢琴协奏曲，是他为了按四杜卡特的价格征求订户而赶写的。三首之中，《A 大调钢琴协奏曲》（K.414）尤为广受欢迎。

无须讳言，把作品写得雅俗咸宜，自然是为了争取订户，但这样也有利于流传。要做到雅俗兼顾，而又无损于艺术，这却要有大本事。莫扎特最善于兼顾这两方面，无人能及。

为了推广自己的产品，他还在协奏的问题上动了脑筋。因为要演出一首协奏曲，除了独奏还有乐队的问题。所以他不但写了有大型乐队协奏的，又写了也可用小乐队协奏的平易近人的协奏曲。这后一种在当时更有机会演出。因为上流社会的爱好者由私家小乐队协奏，在大厅中演出，是不成问题的。

为此他在维也纳一家报纸上刊出启事，其实也就是广告了："莫扎特先生谨向最尊敬的公众提供三首他近日完成的钢琴协奏曲新作。既可适用于大型乐队协奏演出，也可只用弦乐四重奏协奏，即用小提琴两把、中提琴一把与大提琴协奏。"

真是憾事，书信中对器乐艺术方面的议论不像对歌剧问题那么多，其实他在这一领域内同样有至高无上的权威，而且是创作与演奏，两难与双美集于一身的人物。说不定也正由于此种优越的地位身份，又因为不需要像在歌剧方面那样常常要同剧作家、歌手们争论，于是也就无此必要去发表什么自己的意见了吧。

所幸者，书信中还是保存下这方面的若干资料。其中有不少虽是细事，但却颇可加深我们读其作品的兴趣。有的话虽是顺便带出来的话头，然而却涉及了很重要的问题，而又言简意赅、搔着了痒处。上面这信中的有关雅俗咸宜的话便是深可玩味的一条道理。人们从其中可以获得的启示是相当丰富的，不止是如何去听他作品的问题了。

信中说的"灿烂""动听""自然"，可以说是相当于前面已经介绍过的他在作曲上的总要求：效果、吸引人与适如其分。

这番话里还触及一个非常重要的问题是不可不予以强调的，那就是音乐如何做到在平易与深刻之间取得平衡与一致的问题。莫扎特之作正是在此二者的统一上达到了一种前无古人后无来者的极致。这正是他的魅力所在，这也成了一个“莫扎特之谜”。

274. 叫弹的人出一身大汗

里希特先生向姐姐如此热情称赞的，是降 B 大调的那首协奏曲，是我来此后写的第一首。当时他也当面对我称赞了它。

我认为这一首和另一首都必定会叫弹的人出一身大汗。以难度而言，降 B 大调这首要超过另一首。好吧，真想知道你同姐姐在这两首同另一首 G 大调协奏曲中更中意的是哪一首。至于降 E 大调的那首则不属此类，那是颇为特别的一种，是专为小型乐队写的。

——1784 年 5 月 26 日自维也纳寄父

275. 对你没多大用处

这组钢琴协奏曲对你恐怕用处不大，因为除了降 E 大调那首可只用弦乐四重奏协奏演出之外，另外三首都必须有管乐器参加，而你在家难得有机会找到演奏管乐器的人。

——1784 年 5 月 15 日自维也纳寄父

276. 权宜之计

《A 大调钢琴协奏曲》中用了两支单簧管。假如亲王殿下宫中没有演奏这乐器的人，那么，一个熟练的抄谱手可以将此声部改调，让小提琴来奏第一声部，中提琴奏第二声部。

——1786 年 9 月 30 日自维也纳致温特尔

译读者言：从以上二信都可见他为了推广自己的作品所费的心思。前一信中说的是 K.449，后一信中说的是 K.488，是他二十七首钢琴协奏曲中最精彩的六七部中之一。原本用的是双簧管，后改为单簧管。此曲之配器，效果灿然。但为了迁就符腾堡亲王宫廷乐队的情况，他提出了这个权宜之计。

277. 涌上心来的华彩

一得空我就把华彩段寄去给姐姐。每当我演奏这首作品时，我弹的华彩总是当时涌上心来的音乐。

——1783 年 1 月 22 日自维也纳寄父

译读者言：华彩并不预制好写在谱上，而是临场即兴，这正是传统做法，但是后来变成了预制。不过，作者写的华彩，演奏家不一定用它，可以改用自己或别人写的。所以一首经典的协奏曲常常有好几种华彩任人选用。

莫扎特是两种情况都有。此信可证他还是喜欢用即兴的办法的。对于他这即兴圣手来说，这当然不在话下了，何况又是在弹自己的作品。

值得注意的是，在盛行即兴演奏华彩的那时，他却又常常预先写好，不止一次地使用这种预制的华彩。不但自用，而且也让姐姐和自己的门生用。

18 世纪又流行在演奏中即兴加花，他也如此。但为了姐姐要弹，他也不惮烦地将那些片段写出来。例如《D 大调钢琴协奏曲》（K.451）中的行板乐章有一段加花，他曾写出寄给姐姐去用。

家书中谈钢琴协奏曲的话令人恨少！论其一生所作，精华所在，首先当然是歌剧了，然后才是交响乐与钢琴协奏曲。

有种说法颇足以说明人们是如何看重他的钢琴协奏曲：贝多芬的九部交响乐，无疑都胜过他的七部协奏曲，没有一部他的协奏曲能有《英雄》那样的分量，更不用说《第九》了；然而在莫扎特的《d小调协奏曲》《C大调协奏曲》《降B大调协奏曲》同他的《g小调交响乐》《朱比特交响乐》之间，人们却难以作出这种比较了。

他一生共写了二十七部钢琴协奏曲。前四首无足轻重，基本上用他人之作加工改写而成，像是试笔。此外二十三首，写作年代从1773到1791，也就是从十七少年到撒手人寰。看看那按年代先后编的曲码，是从K.175到K.595，便可知是与其大半生的生命相终始的一个流程。

贝多芬以其三十二部钢琴奏鸣曲写成了他内心生活与乐艺演进的“内传”；对莫扎特这二十三首钢琴协奏曲，也不妨作如是听。论者且以为，那不仅是他个人的，而且是一面时代的镜子。

说具体点。曲码的数字标志着他创作上的不同时期。例如以“1”“2”字开始的K.175、K.238等四首是未成熟的时期；“3”与“4”字头开始的共十四首，K.365是告别萨尔茨堡前写的最后一首，从K.413开始他进入了成熟、丰收的维也纳时期；最后以三首“5”字头的曲码结束，即K.503、K.537、

K.595。

在钢琴协奏曲这一领域内贡献了数量如此之多的杰作，乐史上还没有第二人。但尤其令人莫测的是那内涵与风格的变化多端。二十三首中拔尖的至少有六七首，而其面目又是各极其妙地迥不相似！例如第二十首（K.466）于1785年问世之后，不过四个星期，他又拿出了第二十一首（K.467），完全是另一种情怀与意境。

所以，欲知他钢琴协奏曲之妙，只尝鼎一脔是绝对不够的，也是太可惜的！

278. 短而又好更可取

有时间的话，我要把有些自己写的小提琴协奏曲重加修订，而且要改短些。在德国，人们有点喜欢把乐曲写得长。然而，短而又好，总是更可取。

——1778年9月11日自巴黎寄父

译读者言：莫扎特的协奏曲作品目录可谓洋洋大观。他为十种不同的独奏乐器分别写了几十首协奏曲，有的乐器写了不止一首。他还为几件乐器的组合写了所谓的“交响协奏曲”。所有这些协奏曲全都已成为协奏曲文献中的典范之作。

还可以想一想，音乐会中经常反复演奏的长笛协奏曲、圆号协奏曲和大管协奏曲，除了他的作品之外，还能听到谁的呢！

最受众多听众赏识的，似乎是他的那几首小提琴协奏曲了，也许中国听众尤其如此。假如这种好事多少影响了人们去发现一个更美妙的天地——他的钢琴协奏曲的话，那就未免太可惜，也需要提醒一下了。

很遗憾的是，他同那么多乐器有缘，却没有为大提琴写一首协奏曲！

279. 有单簧管就好了

嗳，如果我们萨尔茨堡的乐队里也有单簧管就好了！你想象不出一首有长笛、双簧管和单簧管的交响乐，那演奏效果是何等的灿烂！

——1778 年 12 月 3 日自曼海姆寄父

译读者言：单簧管这乐器之受到重用，他是有功的。当然他发现这个乐器，是受了曼海姆乐派的启示。他一生中最后写的一部协奏曲杰作，也是为这个他心爱的乐器写的。

发现了这乐器的妙处，他不但在写新作品时加以重用，还把过去的作品改变配器，加进或者换上它。

他对乐器音色的敏感和对配器的兴趣，从小便显露出来。他姐姐有段回忆，读来极有意思：“那年（1764—1765年间）在伦敦，爸爸病得不轻，妈妈不准我们两个去碰钢琴。沃尔夫冈没事可干便来作他的《第一交响乐》。他把乐队中所有乐器全都用上了，对小号和定音鼓尤其有兴趣。我坐在一旁帮他抄谱。在他写我抄的当中，他要我注意：‘提醒我为圆号写点好听的东西。’”

他姐姐说的这曲子可能就是迄今所知的莫扎特第一首交响曲，即《降E大调交响曲》（K.16），其中圆号确实用上了，而且写得不错。特别是在《行板》中，圆号稳稳当当地吹出了他后来用在《朱比特交响曲》末章中那个出名的四音主题。相隔二十四年，这支庄严的主题再现了！这是一种更宏大的复调与交响！

280. 急需弱音器

《伊多梅纽》第二幕中的进行曲是从远方传来的。所以我需要圆号和小号用的弱音器，那东西此地却没有，能否交下一班邮车捎几个来，我好依样复制？

——1780年11月29日自慕尼黑寄父

译读者言：萨尔茨堡没有单簧管，倒有别处所不知的弱音器。在乐队与配器等方面，那时的欧洲各地往往是各有传统与创新，各有所长所短。

为了演出歌剧，急等着要小号弱音器，盼即寄来，即我们在维也纳定造的那种，还要圆号上的，那可以从更夫们那里找到。

——1780 年 12 月 5 日自慕尼黑寄父

译读者言：弱音器用于铜管乐器上的是一种圆锥体形状的东西，往号口中一塞，声音便变得微弱黯淡了，可用以表现从远处传来的声响。这种用法 18 世纪才渐渐流行。

281. 抢在前头

我埋头干活，忙得不可开交！从上星期以来我不得不赶着把《后宫诱逃》改编成管乐曲。我如果不这样干，某些人就会抢先，从中渔利了。

你想象不到把这种作品改编为管乐曲有多么难，如果你既要使它适合那些乐器又不失其原有效果的话。行，我只得整夜地干，别无办法！

——1780 年 7 月 20 日自维也纳寄父

译读者言：这里面反映了几方面的情况。

改编曲是往昔时代音乐得以流传的一种手段。通过种种便于重奏、小合奏、钢琴四手联弹等场合应用的改编曲，歌剧、交响乐便能在富贵人家和平民百姓家供人自娱、互娱了。其实这是好事，它促成了音乐文化的普及与提高。

当时，交响音乐作品和歌剧等大型作品，只有改编为“家用音乐”形式时才会受到出版商的欢迎。直到19世纪还有这种情况。舒曼发现了舒伯特那首“伟大的”《C大调交响曲》的遗稿，为了让它早日问世，他只好向出版商毛遂自荐，愿将其改编为四手联弹的钢琴谱。

改编谱受大众欢迎，有利可图，莫扎特也就不得不同抢先的剽窃者斗争了。这既可见他的作品的吃香，又可知在那个根本不讲保护版权的时代，作曲家是如何地受到欺负和如何自卫的。

282. 为八音钟谱曲

现在我已打定了主意，马上就替那个钟表匠把《柔板》写完它。这样一来，也就能够向我爱妻手心里放下几个杜卡特了。

然而这是我厌烦的一种活儿。倒楣的是，我写不完它。我每天写一点，厌烦了便搁下笔不写。

假如是为一件大的乐器写，声音像管风琴，倒还可以搞出点好玩的效果来。可是现在这玩意只有一些小小的音管，发音太尖，也太像个儿童玩具，不合我胃口。

——1790 年 10 月 3 日自维也纳寄妻

译读者言：这里说的乐器是一种八音琴那样的机械管风琴，靠发条来开动。此曲即 K.616。

18 世纪人很爱玩这类机械乐器。当然这同科技、机械工艺的发达是有关系的。从小巧精致的八音盒、会按时奏乐的自鸣钟，到巨大的机械管风琴，那时都大为流行，作曲者也多了一种挣钱的机会。我们翻翻海顿、莫扎特和贝多芬这维也纳三巨头的曲目吧，都有此种为机器写的音乐。

莫扎特为一架机械管风琴谱过一曲复杂的赋格，今天可以听到录音，不过已改由真人在真琴上弹奏了。

283. 遣兴曲与结业曲

在沙仑伯爵家我凭脑子弹了些东西，然后又弹了两首遣兴曲，那却是为洛德龙伯爵夫人作的。最后弹的是一篇《结业音乐》。所有这一切，全是背谱弹奏。

——1777 年 10 月 2 日自慕尼黑寄父

译读者言：遣兴曲、嬉游曲、小夜乐和夜曲，在他曲目中占了相当部分。从全集目录上数一数，约近四十篇。这些本来都不是室内音乐会上演奏用的，而是所谓“场面音乐”，用于某种场合，消闲助兴，也增加热闹气氛，那么其曲趣都是轻松愉快也就很自然了。莫扎特的高明之处是他向富贵闲人们提供的此类音乐并没有糟蹋了自己的天才。

至于“结业音乐”，则是他故乡特有的一种风习。当学校里期终考试过后，由师生们组成的一支乐队便演奏一下这种音乐，实际上也可归到小夜乐那一类中。

284.《巴黎交响曲》的两个《行板》

我的交响曲大受欢迎。勒·格罗对其十分欣赏，说什么这是他演出过的最好的一部交响曲。然而行板乐章没有博得他赏识的好运，他嫌它转调太多，也太长了。

他之所以有此意见，无非是因为听众在这里没有像他们在首末二章结束时那样大鼓掌大喝彩。其实，无论我自己还是所有的行家和爱乐之士，这篇行板都是心爱之物，大多数听过的人也是如此看法。

同他的看法相反，它是短小而朴素的。但为了满足他、还有他说的某些人的要求，我另作了一篇行板，就其各自不同特性而言，两篇都是好的，但是我更喜欢的还是那前一篇。

——1778 年 7 月 9 日自巴黎寄父

译读者言：这儿说的是《巴黎交响曲》(K.297)。勒·格罗是圣灵音乐会的主持人。莫扎特当时来到异国他乡，求职求名都落了空，只得违心地权且迁就那个只以听众掌声为尺子的市侩，把明明是质量很高的行板乐章换了。你想他心里是何滋味！

但是这样一来，又给莫扎特学的研究者出了一道难以遽下结论的考证题。在相当长的时间里，通行的一种看法是，用 $\frac{3}{4}$ 拍子的那一篇《行板》是后写的，理由是它比较短一点，只有 58 小节，如将重复计算在内便一共是 84 小节；另一篇 $\frac{6}{8}$ 拍子的却长达 98 小节。经过对各种资料的仔细查证，新的看法是，98 小节长的那一稿才是另写的。我们今天听的《巴黎交响曲》，一般也是用的这一篇，但曲谱上标的是“小行板”(即“andantino”。这个词，从 19 世纪以来是表示比行板快一点；但在莫扎特时代却正相反，是比行板慢一点)。

到底这两篇孰先孰后呢？如果较长较慢的是后写的，又怎能使勒·格罗满意呢？当然，这较长的一篇，演奏起来也不过六分半钟左右而已。

285.《哈夫纳交响曲》的写作

你叫我写一部新的交响曲！我怎么能办得到？

你只能指望每一趟邮车都能收到我一点东西就是了。我要尽可能地写快一点，而且，只要来得及，写出好东西来。

——1782 年 7 月 20 日自维也纳寄父

译读者言：这样他便赶写起《哈夫纳交响曲》来。哈夫纳同他们家是友好，因为即将被册封为贵族，莫扎特为庆祝仪式赶写了一部小夜乐。为了赶写交响曲，将其扩充、改写，又抽掉原来两首小步舞曲中之一，便写成了《哈夫纳交响曲》（K.385）。莫扎特四十一部交响曲作品中，最受欢迎的有六七部，《哈夫纳》是其中之一。

286. 四天写出《林茨交响曲》

11 月 4 日我将在此地剧院中举行一场音乐会，可是手头一部交响曲也没有，到那时必须拿出来，所以正埋头赶写，头颈都快拗断了。

——1783 年 10 月 31 日自林茨寄父

译读者言：从写信的这天到开音乐会只剩下四天工夫！当然，他是哪天开始动笔的并不清楚，但有的书上根据此信，认为它是四天写成的。

他最后、同时也是公认为最深刻的三部交响曲，有的资料中说是写成只用了两星期时间。但我们只知道这三部作品的完稿时间是从1788年6月26日到8月10日，约四十天，何时动手写，也不明。

287. 同 J. C. 巴赫的友谊

J. C. 巴赫在此地写了两部歌剧，第一部比第二部更流行。第二部是《卢乔·西拉》。我在米兰也写过这歌剧，所以我想看看他是怎么写的。听人说伏格勒有这作品，我便向其借看。“乐于从命，”他道，“明天就送来。可是你看了会摸不着头脑的。”几天之后我们又见了面，他带着明显的轻蔑笑问：“如何，觉得它美妙吗？从中有何启发？其中有一首咏叹调——等我想一想那歌词是怎样的。”此时他转身问一个碰巧站在他身后的人，那人问是哪一首。“嗳，当然是巴赫那首可怕的咏叹调，那种下贱货色——那一定是喝得醉醺醺的时候写的东西。”

当时我恨不得一把揪住他头发狠狠地拉几下，但是佯作没听见，一言不发走开了。

——1777 年 11 月 13 日自曼海姆寄父

译读者言：老巴赫（J. S. 巴赫）生过二十个子女，存活下来的有一半。约翰·克列斯蒂安·巴赫，简称 J. C. 巴赫，是他最小的儿子。由于他后来多在伦敦活动，得了个“伦敦巴赫”的外号。对于早期古典派音乐的形成，他是起了重大作用的。

1763 年小莫扎特到伦敦表演，同他有了亲密的接触。莫扎特的姐姐回忆当时情景，真是动人：“女王的音乐老师巴赫先生抱起沃尔夫冈，放在自己双膝间，两人在钢琴上弹起了联奏。巴赫弹几个小节，沃尔夫冈便接上去弹。一老一少按此方式弹了一首奏鸣曲。别人听上去还只当是一个人在那儿弹哩！”

288. 同巴赫再次相逢

两个星期之前，J. C. 巴赫从伦敦来到此地。他要写一部法国式歌剧，上这儿来是为了听听歌手唱得如何，然后仍回伦敦去写，写好了再来看排练。

再次相逢是何等愉快，你不难想见。也可能他那方面不如我这样看重此事。但是人们应该把他看成是一位可敬的人，他是待人以诚的。如你所知，我衷心爱他敬他，而他对我也热情称扬。不但当面如此，对他人谈起我时也如此。他总是那么诚心诚意地，并不装腔作势。

——1778年8月27日自巴黎寄父

译读者言：几年之后，即1782年3月10日，他在信中告诉父亲："我想你已经听到了伦敦巴赫的死讯了。音乐界遭到了多么大的损失！"

了解一下莫扎特与其前辈、同辈乐人的关系，人们就不会把他和他的音乐当成一种彗星似的现象了。听他和海顿的作品，谁也会觉得那写法同老巴赫他们的音乐之间像是有鸿沟隔世。西方音乐从复调音乐向主调音乐转变，从以对位为主向以和声为主的转变，真是很可玩味的历史文化现象。

其实，从老巴赫、亨德尔到海顿、莫扎特，其间也不过只经历了三代人而已。承先启后的那中间一代乐人，其中便有老巴赫的几个儿子，他们都是在老巴赫手把着手亲自培育下长大的。

奇怪但也不奇怪，儿子们竟无一个死守着乃父的家法去作曲的。乍一听其作，简直听不出其中有前代人的影子！

但莫扎特的早期之作中，所受J. C. 巴赫与C. P. E. 巴赫的影响，那痕迹却昭然可见，听听他的四首早期钢琴协奏曲便知道了。

那么，他对老巴赫等巴洛克大师的作品兴趣如何呢？

289. 搜集老巴赫的作品

每到星期天中午，我就上斯维腾男爵那儿去。那里演奏的音乐，除了巴赫、亨德尔的再没别的。我正在搜集巴赫的赋格曲，不仅老巴赫的，还有他儿子 C. P. E. 巴赫、W. F. 巴赫的。亨德尔之作我也在收集，其中六首我曾向你提起过。

——1782 年 3 月 10 日自维也纳寄父

290. 康斯坦查也爱上了赋格

斯维腾男爵允许我把他所有的巴赫、亨德尔的作品带回家使用（这是在我弹了这些作品给他听之后）。康斯坦查听过这些赋格之后完全爱上了它们，现在除了赋格曲她什么都不想听，尤其是亨德尔和巴赫的她最要听。

——1782 年 3 月 20 日自维也纳寄父

译读者言： 可见他是怎样地被这些原先生疏的作品吸引了！原先的生疏，正反映出音乐时尚的变迁，巴赫、亨德尔等的复调音乐渐渐被人淡忘了，只有不多的精于赏鉴的古乐爱好者还嗜好。斯维腾即这样的人物。

对此人不可不多说几句。他是在荷兰出生的，但他为奥国出使普鲁士，又担任了皇家图书馆长等职。他是个音乐家的保护人，古乐嗜好者。亨德尔的《弥赛亚》有莫扎特重新配器的本子，那便是应他之请的。

斯维腾自己也客串作曲，交响曲他至少写了有十部，其中三首还被人冒用海顿之名出版，他还写了好几部歌剧。不过他的留名后世，主要还是由于他对复兴古乐的热心、他同莫扎特与海顿的交往与合作。后者的《创世纪》《四季》的台本是由他根据英文资料写作的。

莫扎特对巴赫作品的极感兴趣，有位现场目击者作了一个精彩的报道。此人当时在莱比锡托玛斯音乐学校中担任歌咏班领唱，当时他们正在唱巴赫的一首二重合唱经文歌（BWV225），这首作品对于莫扎特来说是完全陌生的。

合唱队才唱了不多的若干小节，莫扎特便为之愕然，坐不住了，再听了一段，他嚷了起来："这是什么作品？"他的全副精神像是都集中到他的听觉中去了。听完之后，他满心欢喜，忍不住大声说道："嗳呀，这可是人们能够从中学到不少东西的！"

人们告诉他，这里是巴赫当过领唱的地方，收藏有他的全部经文歌，视为神圣之物。"那是了不起的！太好了！""让我看看！"

可惜这些经文歌并无总谱，只有分谱。于是大家看到他是何等迫不及待地坐下来读那一大堆分谱。双手上拿的是谱，双膝上摆的是谱，摊在椅子上的也是谱，别的事他全忘了。直等到把那里的巴赫作品全都看了他才站起来，请求给他一套抄本。

291. 听赏卡纳比希之作

宫廷剧院的演出以卡纳比希的一首序曲开始。这是他的近作，我还从未听过。我可以断定，你如听了也必定像我一样的喜欢，感到兴奋，而且，假如事前无所知，一定不信它是卡纳比希写的。

——1780 年 11 月 8 日自慕尼黑寄父

译读者言：卡纳比希年长他十五岁，却比他多活了六年。此人之作，如今很少演奏了。但它们不失为乐中之能品，人们也可从中发现一些莫扎特所吸收的营养。他同斯塔米茨（Stamitz）一起，是曼海姆乐派的魁首，曼海姆宫廷乐队在他们主持下成了全欧出类拔萃的一支乐队。卡纳比希十二岁便是该乐队的成员。这支乐队就像军队那般训练有素、装备精良（三管编制），演奏起来步伐整齐、高度统一。那力度变化上的鲜明与细致，尤为令人叹赏，这也是对莫扎特颇有启发的。

292. 评皮钦尼

大体而言，皮钦尼的歌剧音乐微嫌单调，否则的话他就会受到一致欢迎了。

——1778 年 2 月 28 日自曼海姆寄父

293. 应格鲁克之请《后宫诱逃》再演

《后宫诱逃》昨天又演了一场，这是应格鲁克的请求才这样做的。他对我表示，他非常赞赏它。明天我将同他共进午餐。

——1782 年 8 月 7 日自维也纳寄父

294. 格鲁克高声赞美《巴黎交响曲》

格鲁克的包厢就靠着朗格家的，我妻子坐在那里。格鲁克高声赞美我的交响曲，也称赞了我的咏叹调。他邀请我们几个人下星期日去吃午饭。

——1783 年 4 月 12 日自维也纳寄父

译读者言：这几封信中提到的皮钦尼（Piccinni）和格鲁克（Gluck）这两位歌剧大师都比他年长，都是当时乐坛上的风云人物，也名垂乐史。

莫扎特1778年上巴黎去找出路，两年之前爆发的所谓格鲁克与皮钦尼之争还没平息。那是一场意义不大、品格不高的争论，一派人拥护意大利人皮钦尼的意大利歌剧，另一派打出歌剧改革家德国人格鲁克的旗号。两位大师都写了一部歌剧《伊菲姬尼在陶里德》，用的是同一剧本。演出结果，格鲁克的占了上风。

格鲁克不满意意大利歌剧中轻戏剧而重音乐（实则只是卖弄歌喉）的倾向。他严肃对待剧情的处理，歌词与音乐的结合，强调乐与诗（剧）之间要取得平衡。这些原则与其实践，都对莫扎特有深刻的影响。

但是皮钦尼也自有其长处，所以其作品受欢迎也并非偶然。莫扎特对其人的评价，说明他胸无成见，因此也就善于博取众长。

295. 对普来叶尔的激赏

我一定得告诉你，最近出现了一些四重奏新作，作者是个什么叫普来叶尔的人，约瑟夫·海顿的学生。假如你还不知其人，务必想法弄到这些谱子，你会觉得所用的气力是值得的。它们写得非常之好，动听极了。你也立即会看出来谁是这人的老师。是的，如果有朝一日普来叶尔取代了海顿，那倒是值得庆幸的！

——1784年3月24日自维也纳寄父

译读者言：乐坛上有不少曾辉耀一时的名字，后来由于种种原因被人全然遗忘了。普来叶尔（I. J. Pleyel）这名字，我们倒并未忘却，然而这又只是多亏了人们对肖邦的兴趣，我们在肖邦传里碰到过这个名字。肖邦最乐意使用的钢琴就是普来叶尔这牌子的。从而我们又知其人乃是一个乐而优则经营工商业的人，一个生产名牌货的钢琴厂老板，但是没有多少人有兴趣再去了解更多情况。此公其实是个著作等身的作曲家，他比莫扎特小一岁，但却活到19世纪。

此公作品数量之大可惊：交响曲，从曲码121一直排到161；协奏曲十五首，其中有六首是交响协奏曲；弦乐四重奏竟有七十首之多！此外还有大量的室内乐、键盘乐器曲、宗教音乐等。他也写了一部歌剧，《伊菲姬尼在陶里德》，同格鲁克那一部同名。有文献可证，在他生前，其作品流传之广简直到了令后人难信的程度，到处可见他的作品，许多谱被改头换面重复出现，可见其畅销了。他不但向钢琴家供应了质量精良的乐器，同时又经营着乐谱出版事业，印行了包括波克里尼、海顿、贝多芬、克来门蒂等人的四千种作品。

我辈爱好者尤其要对他感恩戴德的是他做了一件大好事，正是他首先印行了袖珍总谱，那头一批出品的是海顿的四部交响曲。

现在要问，莫扎特大为惊喜地推荐其作，是否有道理呢？据研究，前期之作确实有魅力，乐想新颖，技巧有根底。有一些不但仍值得令人去研究，而且也值得发掘、介绍，让这些曾受莫扎特激赏之作重见天日。

296. 这些乐曲我时常弹奏

这次寄给姐姐羽管键琴与小提琴二重奏六首，作者是舒斯特。这些乐曲我是时常弹的，写得不坏。如果在此地还要呆些日子的话，我也想按此风格写六首，既然本地人喜欢这样的作品。将它寄去，主要是为了让你们弹奏自娱。

——1777 年 10 月 6 日自慕尼黑寄父

译读者言：从信中内容不但可见莫扎特在创作上如大海之接纳涓涓细流，而且还同一首晶莹如明珠的作品有关系，值得一注。

约瑟夫·舒斯特（Joseph Schuster，1748—1812）这个名

字与其人所作，今天只有乐史家才去同它打交道了。此人在德来斯顿做过乐长，是玛蒂尼长老的学生。

研究者从莫扎特的小提琴与钢琴奏鸣曲中找到了这个舒斯特的影子，认为在旋律风味上，他吸取了此人的写法。对于如何使小提琴与键盘乐器二者各显其能，各用其自己的“习语”说话，他也有所借鉴。

莫扎特前后写过近四十首小提琴奏鸣曲。其中有一首G大调的（K.301），从篇幅上说是个小不点儿，从表现深度说也算不上他的力作，但它有一种迷人的力量，让人一听便被吸引，就像你看到一群儿童在尽情玩耍时流露出的天真烂漫，不觉为之心醉神痴那样的感受。

可巧的是，就在舒斯特的作品中有一首g小调的《室内嬉游曲》，也就是小提琴与键盘乐器的二重奏。对此这两首作品，可以发现在旋律和织体上有微妙的相似之处，令人惊喜！

莫扎特哪里会为了讨巧省力去借用他人笔墨！这个例子只是再一次启示我们，他之伟大正在于他善能采百花之香酿他自己之蜜，也清楚地说明了他的乐风、语言、技巧同那个时代乐潮的联系，并不是孤立的存在。

297. 对狂妄之徒的嘲弄

爸爸可想知道我同贝克见面的情景吗？

他对我满客气的，我对他也一样客气，但我是很认真的。我们谈到了维也纳的情况，也谈到皇上对音乐并不怎么喜爱的问题。他说："确实如此。他懂得一点对位法，如此而已。我还记得（他摸了一下自己的前额）那次弹琴给他听，我不知弹什么好，便开始弹一首赋格曲之类无聊的东西。弹奏之中，我一直心中暗自好笑。"

听到他说这些话，我简直按捺不住心中的不快，真想告诉他：先生，你觉得好笑，我完全相信。但如果是我听你弹琴，我一定笑得比你还要厉害。

——1777 年 11 月 13 日自曼海姆寄父

译读者言：贝克（Ignaz von Beecke，1733—1803）当时在一个德国小邦的宫廷里任职。1775 年 4 月间，在慕尼黑，莫扎特还同他有过一次在键盘乐器上的较量。

298. 为庸才画小像

费希尔演奏起来像个刚学弹琴不久的笨学生。再说他写的那些协奏曲吧，嗳呀！乐队总奏的部分要奏上一刻钟那么久，然后我们的这位英雄才上场，交替地抬起他那铅一般沉重的双足，一步又一步地走上前来。

——1787 年 4 月 4 日自维也纳寄父

译读者言：费希尔（J. C. Fischer，1733—1800）是个长笛演奏家，也作曲，在德来斯顿和伦敦都曾活跃过一时。还不妨添上一笔，他娶的英国妻子，父亲是那位名画家庚斯博洛（T. Gainsborough）。

299. 有褒有贬

昨天我真荣幸，欣赏了弗雷荷德演奏他自己写的一首协奏曲，一首可怜的作品！其中的《柔板》曾在你处听过，写得很短，我很喜欢。最后的《回旋曲》本来应该是欢快的，他却把它弄成了世界上最可笑的货色。不过，一听那开头的快板乐章，就觉得假如这位先生能正确地学习作曲法的话，他是不会写得如此之糟的。

——1784年2月20日自维也纳寄父

译读者言：信中所说的此人，生卒年代不详。他大概是个长笛手，曾服务于美因茨选侯，在法兰克福与维也纳的音乐会上都曾演奏过。

300. 惊得我一身冷汗！

斯坦因大谈特谈作曲家格拉夫之事。不管怎么说，此人所作只是些长笛协奏曲。斯坦因说什么，现在格拉夫可真是个出类拔萃的人物！

听着此类夸张其词的恭维话，惊得我满头满脸、双手、浑身上下都冒冷汗！

格拉夫自己开起口来也全是大话。这人总爱在还不知自己要讲什么之前便张大了嘴巴，又时常是仍然无话可讲只得把嘴闭上了。

讲了一大套客气话之后，他演奏了一首双长笛协奏曲，我只得奉陪在乐队中拉第一小提琴。对此曲有这样的感觉：一点也不悦耳，一点也不自然，动不动便突如其来地转入新调，而又毫无美感可言。

奏完之后我大大赞扬了他一番。这倒也是他理所应得的。这个可怜虫必定是很费了力气，而且在学习上大概也是十分用功的。

——1777 年 10 月 14 日自奥格斯堡寄父

译读者言：格拉夫（F. H. Graf，1727—1845）是演奏长笛的名手，更以室内乐作曲家知名。

莫扎特讨厌那种并无真才实学而又装腔作势大言欺人者。对格拉夫的特征勾描了一幅生动的漫画像，对其作品的批评也正符合于他的一贯主张：悦耳、自然、适当。

301. 一件不值一文的货色

星期一那天我们去了宫中教堂。弥撒曲是瑙曼之作，由他亲自指挥演唱，一件不值一文的货色！

——1789 年 3 月 16 日自德来斯顿寄妻

译读者言：瑙曼（G. Naumann，1741—1801）这位作曲家与其所作，今天是无声无息了，但在当年的德来斯顿，在老一辈的哈塞与后出的韦伯之间的那些年代，他可称得上是一个名声煊赫的音乐家。

302. 评价《罗沙蒙德》作者

施韦策尔乐长先生是个可敬的好人，诚实、平易、枯燥乏味。他正像我们那里的米夏埃尔·海顿，不过在讲话方面他比较行。

在其新作歌剧《罗沙蒙德》中，不乏异常美妙之笔，我毫不怀疑它会获得成功。他写的《阿尔切斯特》比此剧差得远，但既然它是第一部德国歌唱剧，这一点当然大大地帮了他的忙，然而现在它已不再对那些只爱看新鲜的人有多大吸引力了。

——1777 年 11 月 3 日自曼海姆寄父

303. 狗叫一般的唱腔

阿洛西亚·韦伯将在《罗沙蒙德》中唱一首咏叹调。也许可以指望其中乐队演奏的过门里会有些好东西，然而声乐部分却是施韦策尔腔调，像狗叫一般。受罪的是落在他手中的歌手，不问男女歌手都一样。这个人今生今世是再也学不会把声乐作品写好了。

——1778 年 11 月 11 日自巴黎寄父

译读者言：施韦策尔（A. Schweitzer，1735—1787）曾活跃于魏玛与哥达，他对于德国民族歌剧的建立是有其贡献的。莫扎特对他的评论不免有点恶语伤人，但仍不失为有好说好，有坏说坏。

304. 不是我愿意交往的人

斯塔米茨两兄弟中，只有弟弟在此，哥哥在伦敦。他们真正是两个可恶的粗制滥造者、赌棍、酒鬼和姘夫——不是我愿与之打交道的人。

——1778年7月9日自巴黎寄父

译读者言：说的是卡尔·斯塔米茨和安东·斯塔米茨，他们的父亲是曼海姆音乐家约翰·斯塔米茨。兄弟二人中，卡尔先是在曼海姆乐队中拉二提，后来到欧洲各地追求作一个演奏名手的名利。此人也是作曲家，多产得惊人，单是交响曲便有七十部之多。还有一部交响曲，要用双乐队才好演出。除了室内乐作品以外又爱写交响协奏曲，一共写了三十部。他还为一种叫“爱情维奥尔琴”的老式乐器作了不计其数的独奏曲。

这一大堆有趣的数字不正可为信中的“粗制滥造者”一语作个注脚吗？但是对这一大堆作品，乐史上却也并不一棍子打死的。其人后来债台高筑，身后卖产偿债，证明莫扎特并非信口骂人。

305. 拆穿一种作曲之道

乌姆劳夫不得不暂且等待着他的歌剧上演。写这部作品他花了一年的工夫，但（不得外传！）你不必因其是用了一年的时间才写成的，便相信它是好东西。我倒认为（同样只是我们私下说说）那是只用了十四五天写出来的东西。这个人一定是把许多歌剧熟记在心，然后他需要做的不过是坐下来拼凑——那正是他的作曲之道，只要一听，你便恍然了。

——1781年10月6日自维也纳寄父

306. 应该喝声：够了！

一部新的歌剧，或者不如称之为喜剧加小咏叹调，乌姆劳夫写的，目前上演了——一部叫人讨厌的作品！这剧本也曾有人要我为之谱曲的，我不干。我说过，有谁不将剧本彻底改写便配乐的话，他就是甘冒被观众轰下台的危险。

假如不是乌姆劳夫写的，此剧肯定挨轰，但是他只挨了嘘。挨嘘是毫不足怪的，即便音乐配得出色，也没人受得了，何况音乐又是如此之糟。

我真不懂到底谁该夺得愚蠢竞赛的奖金，是剧本作者还是作曲者？更丢脸的是居然又演了一场！

但，我看，现在还是喝一声“Punctum satis”吧！

——1782 年 12 月 21 日自维也纳寄父

译读者言：莫扎特实在听不得那种胡乱炮制出来的音乐，何况又是同荒唐可笑的剧本配在一起！“假如不是乌姆劳夫写的，肯定挨轰”，何故？原来其人在奥皇设立的国家歌唱剧院中任乐长之职，后来又做了宫廷乐队的助理指挥。

至于最后那句话中的拉丁文，意思是：够了。

果然“够了”，1783 年 2 月 5 日，他给父亲的信里有这样的报导：“乌姆劳夫那部该死的歌剧，终于没能再演第三场。”

307. 为伏格勒作小传

让我来给你写一篇伏格勒的小传吧。初到此地时他潦倒不堪，弹弹钢琴，写过一部舞剧。大家都可怜这个人。选侯把他带到意大利去深造。在波仑亚见到瓦洛地神父时，选侯问他此人如何，回答是：“他可是个了不起的人！”选侯也问过玛蒂尼长老。长老说:“他这人是不错的。等他长大后，加强了自信，还会更加有长进。但他必须有一个大的转变才行。”返回曼海姆，他领了神职当上了宫廷牧师。他写了一首《求主怜悯歌》。那作品，人人都说它简直不堪入耳，因为写得乱了套。发现自己的作品未得好评，他跑到选侯面前诉苦，说是乐队故意奏得糟糕。总而言之，此人是如此精于拉关系（同女人们勾搭，闹的丑闻不止一次，她们都能帮他的忙），于是他被任命为代理乐长了。然而他又愚不可及，自命不凡，全体乐队成员无一个不恨他。

——1777 年 11 月 13 日自曼海姆寄父

译读者言：看了这篇杂文风格的小传，我们引不起什么史感来，这名字太陌生了。然而伏格勒（G. J. Vogler，1749—1814）并非小人物，在当时和乐史上都是颇有地位的。他在曼海姆、慕尼黑宫廷任职，又曾在斯德哥尔摩做过三年的宫廷乐长。在此期间到各地去搜集民族音乐资料，足迹所到，包括葡萄牙、北非、希腊。离开瑞典之后他又在管风琴的制造上发挥了自己的才智，发明了一种便于移动的管风琴，名为“管弦琴”。

其实他的贡献主要在于理论与教学，他有一套不同于传统的乐学理论。韦伯和马伊亚贝尔都做过他的学生。

莫扎特眼里和心中的这个人，浓缩在这篇小传中。此中是非且不去管它，一幅当时音乐界的人与事的驳杂的画面总是活现在我们眼前了。

据家书英译者说，他抨击嘲骂那些他鄙视的人物所用语言，原文还要来得辛辣，译为英语，已难传神。

莫扎特对他同代人与作品的褒贬，大部分可以得到历史的验证，有些看法则可以用口味不同、见仁见智来解释。也有他的确看错了的，对克来门蒂的作品的贬低即一例。

除了以上这些受到他或褒或贬的这两极以外，还有介乎中间的一批乐人，对他们——其中包括他自己的父亲，他的评论又如何呢?

308. 对埃贝林的评价

要是爸爸至今还未将埃贝林之作抄写出来的话，那倒是件好事情，因为我已弄到手了，而且我觉得，这些作品同巴赫、亨德尔之作放在一起，实在太微不足道了。为了给他这些有四个声部的作品以适当的尊重，我想说的是，他为键盘乐器写的赋格曲，不过是一种拖长了的教堂即兴风琴独奏曲罢了。

——1782 年 3 月 20 日自维也纳寄姊

译读者言：埃贝林（J. E. Ebererlin，1702—1762）是德国

作曲家、管风琴家。他写了大量的教堂音乐作品，其中有清唱剧、弥撒曲等。他还作有几十部戏剧音乐，其中穿插了萨尔茨堡的方言俗语。

埃贝林在萨尔茨堡做过宫廷乐长。这位莫扎特的家乡老前辈，乐风诚然是老派的，但是拿巴赫、亨德尔这样的大尺子去量他也就未免过分了。

然而这里面也可发现有趣的信息。老莫扎特对埃贝林倒是很尊崇的，在一部著作中说他“透彻地精通了作曲的艺术”，“可以同斯卡拉第与台里曼相提并论”。因为要儿子以此人为楷模，还将其作品抄寄给他研习。儿子原先对埃贝林之作也佩服，后来有了自己的看法。父子两代看法不一样，不也说明了时代在进展，乐风在流变吗？

309. 戈塞克极其沉闷无味

戈塞克先生是我的朋友，同我非常要好。同时，他也是一个极其沉闷无味之人。

——1778 年 3 月 5 日自巴黎寄父

译读者言：戈塞克（F. J. Gossec，1734—1829）这名字，我们一看便想到他那首《加沃特舞曲》，一首生气勃勃，几乎听不厌也弹不厌的钢琴小品。如果你在钢琴上弹得有点乏味的话，那么一定要听听爱尔曼在小提琴上的演奏，就会找回新鲜感，且有新发现。

但是除此以外我们对他就一无所知了。其实这个比利时人在轰轰烈烈的法国大革命时代是大出风头的，也是对法国音乐发挥颇大影响的人物，作品非常多，不少是篇幅巨大、演出规模也宏大之作。例如，在一部悼念亡灵的教堂音乐中，用了两支乐队。一支放在堂内，一支在外。后来柏辽兹用庞大的几支乐队联合演奏自己的作品以壮声势，便是受了这位先辈的先例的启发。

莫扎特同巴黎的“圣灵音乐会”打过交道。这个演出组织的复兴也是戈塞克的功劳。

到了法国大革命时，戈塞克乐兴大发，产量激增，写作了许多为革命造声势的宏大乐曲。1791 年的卢梭、伏尔泰遗体入葬先贤祠，1794 年的纪念攻下巴斯蒂狱五周年，配合这两次盛大革命节日的典礼音乐，都由他负责制作。后者用了上千人的歌队与乐队。1793 年他用《马赛曲》编排了一部由庞大乐队与歌队演出的大合唱。

形容此公为法国大革命的“音乐发言人”是合适的。当然，莫扎特是听不到这种音乐了！

310. 柯策洛赫多么了解我

大主教秘密地许给柯策洛赫以俸金一千古尔盾，可是他还是拒绝去萨尔茨堡任职，说自己宁愿呆在维也纳，除非能改善处境，不想离去。

当他同朋友谈到此事时他又告诉人："最令我担心的是大主教同莫扎特的那种纠纷。假如连莫扎特那样的人大主教都叫他走路，对我又有什么做不出的！"你看，他对我是多么了解，多么佩服。

——1781 年 7 月 4 日自维也纳寄父

译读者言：柯策洛赫（L. Kozeluch，1747—1818），捷克作曲家钢琴家、出版家。莫扎特故后，继任其职者便是他。

311. 我是不去同他拉交情的

在圣灵音乐会我同皮钦尼谈过话。他对我非常有礼貌，而我在遇到——只是碰巧——他时也同样如此。除非偶尔相逢，我是不去同他拉交情的，不管是对他还是别的作曲家都是这样。我懂我的行当——他们也懂他们的——那就够了。

——1778 年 7 月 9 日自巴黎寄父

312. 虽然我是个德国人

皮钦尼能做的，我同样能做——虽然我是个德国人。

——1778 年 9 月 11 日自巴黎寄父

译读者言：只须想一想那是个意大利歌剧风靡全欧，意大利乐人到处吃香的时代，而他不过是个初出茅庐的德国青年。信中的话便把他的满腹牢骚都透露出来了，同时也活画出一个心比天高、夷然不屑向名人讨好的莫扎特来。

皮钦尼倒也不是浪得虚名的。当其被卷入同格鲁克的那场无聊的混战之中时，众多观众倒向他一边也不是无缘无故的。无论在正歌剧或喜歌剧的创作方面，他这个名字是歌剧史上不能省略不提的。

313. 叫人来不及消化

对于利济尼先生的成就，我一无所知，只知他靠教授音乐收入颇丰。上一个复活节，他作的康塔塔演出成功，连演两次，每场都有收入。他写的东西相当可喜，也绝不肤浅。然而此公是个大扒手，他向听众供应赃物是如此慷慨，如此浪费，简直令人来不及消化！

——1781 年 9 月 29 日自维也纳寄父

译读者言：利济尼（V. Righini，1756—1612），作曲家、声乐教师、指挥家。如果今天的人对他的名字还未完全忘却的话，那只是因为贝多芬曾用他写的旋律写了一套变奏曲而已。

314. 萨列里要打击我

你不能理解，我怎会为了当上符腾堡公主的教师而自鸣得意吧？嗳，萨列里自己是没本事教她弹琴的。他所能做的只是推荐某个人，以此来打击我而已。很可能他正在这样干。

——1782 年 8 月 31 日自维也纳寄父

315. 如果他们串通一气

达・蓬托必须白尽义务为萨列里写一部新剧本，这要花两个月时间。他答应我，完成之后也给我写一部。

但是，假如他同萨列里串通一气的话，我从他那里将会一无所获。

——1783 年 5 月 7 日自维也纳寄父

316. 请萨列里看《魔笛》

昨天下午六时，我叫了一辆马车，把萨列里和卡瓦里埃利夫人带到剧场我包厢里。你难以想象他们是多么讨人喜欢，而且又如此喜欢我写的这部戏。不仅是音乐，对剧本和一切，他们无一不感兴趣。

他俩说，可真是一部好戏，够得上安排在最盛大的节日演给最伟大的君主看。如此美妙的好戏他俩还从未见过，他俩还想再来看好多遍。

萨列里倾听、观看，极为专注。从序曲到最后一曲合唱，没有一曲他不为之喝彩，看上去他俩好像对我有表示不尽的谢意。昨天，他俩是打定主意不管有什么情况都要到场的。演完了戏，我仍旧用车送他俩回家。

——1791 年 10 月 14 日自维也纳寄妻

译读者言：萨列里（A. Salieri，1750—1825）恐怕是二百

年来人们虽然不识其乐却对他极感兴趣的一个音乐家，这完全是因为莫扎特的不幸早死而又死得似乎有点蹊跷。1774 年，年方二十四的这个意大利人便当上了维也纳意大利歌剧院的作曲家和指挥，这在当年的欧洲乐坛上是一个颇为显赫的位置。那也正是莫扎特定居维也纳的前八年。1788 年他又获得了一个更重要的衔头：奥皇的宫廷乐长。从此一直当了三十六年，也便是一直当到他死前一年为止。他为维也纳宫廷服务超过了五十个年头。

1823 年，莫扎特已死了三十二年了，忽然间传开了一种流言，说是此时正苦于不治之病的折磨的萨列里（有人说已入疯人院）忏悔了自己毒毙莫扎特的罪过。

是否真有这种忏悔，不得而知。这件新闻不胫而走，甚至传到了当时已经全聋的贝多芬那里，这从他的谈话册上可以看到。

按他当时所处地位来说，如果他乐意，是不难在谋求职务上助莫扎特一臂之力的。他没有。然而也并无事实可以证明他极力图谋反对莫扎特，也无文字记录可证他有何恶意中伤的言语，更不必说什么阴谋下毒的行为了。

话虽如此，这种传闻还是引起了从普希金一直到当代影剧作者的莫大兴趣。但是现代的乐史家对此案已经下了毫不含糊的结论：查无实据，不可置信。然而萨列里的身后声名却已无可挽回地给污染了。这同他生前青云直上的生涯成了鲜明对照。萨列里不但曾以作曲家负盛名，又是一位音乐教育家。门墙桃李中，头一个就是贝多芬。至今仍然保存下贝多芬的二十篇声乐作业，上有萨列里所作批改。贝多芬也乐于自认从萨列里教学中得益匪浅。舒伯特也曾正式地拜他为师，他的有些作品就是当初作为作业而写作的。其他的学生还有不少知名人物，如车尔尼、李斯特、洪梅尔、莫希来斯等等。

有件事是否可以反证他对莫扎特并无狠毒之心呢：莫扎特身后，他的儿子 F. X. 沃尔夫冈・莫扎特也曾做过他的学生。

如今我们仍然可以听到他的一些作品。当我们听着这种的确称得上是优雅可喜之作时，能不想着那件冤案而感到一种历史的作弄吗？

317. 按音高付酬

伯娜斯科尼夫人来到了此地，薪金是五百杜卡特。拿如此之高的报酬，是因为她把咏叹调一律唱得比其他人高出好几个音分。确实是了不起的功夫，因为她始终保持正确的音准。

现在她又声称，还可以提高四分之一全音，但是有个条件，那便是加倍付酬。

——1781 年 7 月 27 日自维也纳寄父

318. 你可以画一幅她的小像了

可以断言，这位歌手是某些人强加于皇上的。一大帮贵人对她极感兴趣，但在皇帝内心深处并非如此，其实他对她还抵不上对格鲁克那样好感，公众也并不欣赏她。不错，当其演唱一个悲剧性角色时，她始终是伯娜斯科尼，但一唱起了轻快的音乐就一败涂地了。那是完全不适合她来唱的。更不妙的是，正如她本人承认的，她更倾向于意大利歌剧的风格，不适合唱德国风格的作品。还有一点，她在舞台上的吐字，彻头彻尾是维也纳口音，就像平常讲话那样。所以，现在你可以自己来为她画一张像了。有时她试图把自己的口音纠正一下，那就像你在木偶戏里听到的一个公主的台词那样了。她的唱法也随之而变得如此糟糕，没人愿为她谱曲了。

想来这女人也不能平白地拿五百杜卡特的报酬。皇帝受到劝诱，勉为其难地同意上演格鲁克的《伊菲姬尼在陶里德》与《阿尔切斯特》。前者用德语唱，后者用意大利语。

——1781 年 8 月 29 日自维也纳寄父

译读者言：这里面的原因既有当时歌剧舞台上的时尚，又有宫廷中的内幕。莫扎特对此种种夹叙夹议，语含讽刺，这段文字可作一篇乐史小品读。

319. 盼望得到父亲的作品

亲爱的爸爸，我们盼望得到你最好的教堂音乐作品。因为我们喜欢欣赏不同风格的大师之作，古代的、现代的，都喜欢，请作速寄些自己的作品来。

——1783 年 4 月 29 日自维也纳寄父

译读者言：天才的儿子怎样看待他老父的作品？这是一个极有兴味的话题。遗憾！从家书中并无多少资料可得。

青出于蓝。莫扎特的天赋异禀之所以能发育成熟，开奇花，结异果，我们决不可忘记了老莫扎特所浇灌的心血。其实，即以他父亲本身的文化、音乐修养来说，也不难想见他自幼所受的薰陶了。

18 世纪的乐学论著中，有三种关于器乐演奏的理论著作，当时受到推崇，成为权威，至今仍是乐史中重要文献。这三种是：G. P. E. 巴赫论键盘乐器演奏、匡茨论长笛演奏与利奥波德·莫扎特关于小提琴演奏的教程。

利奥波德·莫扎特却是半路出家的。他上过大学，攻读的是哲学、法学，得过学位，然后才当了个诸侯宫廷中的乐师。起初（1744）只是个第四提琴手，1757 年才升为“二提”和宫廷作曲师。又熬了六年（1763）才当上了乐长，但仍只是代理！

从这段坎坷经历可知，他后来之所以苦劝儿子别跟大主教闹翻，是同他自身的经历与处世之道一致的了。

直到几十年前，我国的爱好者恐怕还不清楚老莫扎特有何大作吧？人们爱听的《玩具交响曲》，短短的，似乎很简单的，似乎很不像个交响曲。从前唱片上挂的是海顿的大名，实则正是老莫扎特写的。这一著作权的恢复，已是学者的公断了。此曲只用了弦乐五重奏的乐队，木管、铜管一概省了，却又搜罗了好几件儿童玩具加入合奏，参与“交响”。其中那布谷鸟哨子的效果之美，是令人再也听不厌的。

这是一篇有童趣也有古朴的田园风的音乐，但这在他的曲目中只是一个零头而已。他半生所作，体裁多样，数量可惊，仅仅算一下交响曲这一类，便有D大调的二十五首（难怪莫扎特信中说那是他钟爱的调子）、G大调的二十首，用其他调写的还有不少。

不但《玩具交响曲》中用玩具“配器”，他还把一些本来是用于舞台效果的音响也引进了器乐演奏。有些描写狩猎情景的乐曲，除了猎号之外还要求用“火药盒”制造爆炸声，谱上指示“有可能的话，再加入猎犬吠声”！他也喜欢在器乐合奏中启用民俗乐器。风笛、手摇琴、扬琴，他都用过。

那些数量浩大、内容有趣的作品都产生于他的前半生中。

大凡一位作曲家都有晚期之作，老莫扎特却没有。他的真正不朽的伟大“晚作”是他的天才的儿子，那是他发现并且培育出来的。

自从发现了这孩子如有神授的天赋，他便像接受了神谕般地来执行自己的使命了。

即以教育来说，他的任务之繁重也是可以想见的。例如，看看保存下来的莫扎特曲稿吧，直到1770年的为止，谱纸上无一不有他的改正、添加的笔迹。

不但是对孩子进行全面教育的教师而已，他又是其幼年作品的合作者、抄谱手、校对者，此外，在神童生涯中，他又是神童的演出经理人、宣传者，乃至某些场合中的“跟班”！

老父不但没时间写自己的“晚期之作”，而且他后半辈子也没有自己的个人传记了。一切都同天才儿子的事业合而为一，自己成了个配角。最后成了个对立面！

后人对他这位鞠躬尽瘁的伟大园丁还颇有微词。有的怪他不关心儿子的教养，影响了儿子读书不多。有的责其不该拖着孩子从小饱受跋涉之苦，种下后来早死之因。有的斥其为了谋求名利，只顾开发利用孩子的才智，等等。但总的来看，我们不可不原谅他事所难免的失策，更应同情、感激这位绝未糟蹋天才的父亲！

320. 初评拉夫唱功

有一次，拉夫一共唱了四首咏叹调，总共大约有四百五十小节长。他那唱法引得议论纷纷。人们认为他之所以唱得如此之糟，最主要的就在于发声法不对头。任何人听他开始唱的时候，如果不提醒自己这是拉夫，是那个曾经很有名气的男高音，那么一定会禁不住要失笑的，肯定如此！我自己就这样寻思过：假如我不知道这是拉夫，我就会笑得连腰都直不起来。当时我赶忙掏出手帕，把嘴捂上了。

在一部歌剧中他演了一个要死的角色。垂死之际，唱一首非常非常非常之长的咏叹调，用的又是很慢的速度。好吧，他带着一脸的苦相死去了。唱到最后，声音变得那么糟，真正叫人无法忍受。我正好坐在乐队中长笛手温德林的旁边。事前他就不赞成这种做法，认为，要一个人拖上那么长时间一直唱到死才住口，太不近情理了。我当时对他说："忍耐着点，反正他就要死了。我听得出来。"他笑了："我也如此。"

——1777 年 11 月 14 日自曼海姆寄父

321. 再评拉夫唱功

现在应该说说拉夫的情况。你当然记得那次从曼海姆寄给你的信上，关于拉夫我说了些不大满意的话，而且我根本不喜欢他的演唱。其实我以前并未好好地听他唱过，在曼海姆的一次排练中我才头一回听他唱。他穿一身平时的常服，戴着帽子，拿根手杖。当时，他用一种显得心不在焉的神气唱一支咏叹调。在有些音符上他强调得太过分了，而那是我不喜欢的。这是他的老习惯，也可能是贝那齐学派的特点吧——他就是贝那齐的学生。

在这里的圣灵音乐会上，他首次登场，演唱了 J. C. 巴赫的一首音乐会独唱曲——顺便一提，这也是我喜爱的一曲。于是我才头一回真正听到了他的唱功，他的演唱叫我喜欢。这就是说，我喜欢他那唱法的特殊风格，虽则对贝那齐派的风格我并无好感。

拉夫太偏爱那种婉转圆滑的唱法了。我想，当他还年轻，处于最佳状态时，他这种唱法一定会叫听众大为惊喜的。我承认，我自己也喜欢它。可惜的就是他得做过分了，所以我常常觉得可笑。我倒还是更欣赏他唱一些不太长的曲子，比方说小行板之类。

他唱强音，我觉得是漂亮的。以其年纪而论，听的人仍然会有这感觉。他有很好的胸声，再加上有持久的气息，他的声音是美的，听上去非常可喜。如果我闭上眼听，在好多方面叫我想起梅斯纳尔，只不过拉夫的嗓音更为悦耳。

我这里说的只是他们现在的情形，因为我没能听到他们青春全盛时期的演唱。我只能对他们的风格或唱法说说自己的看法。但那是每一个歌手会始终保持的。

你知道的，梅斯纳尔时常有个声音发抖的坏习惯，那是我受不了的。拉夫没这毛病——其实他也受不了！

就真正的婉转圆滑的唱法而言，两人中我以为梅斯纳尔更可取（虽然我并非毫无保留，他也有矫揉造作的毛病）。表演华丽唱功、长句段和华彩经过句，在这些方面拉夫是绝对地拿手。更应该提到的是他那清晰的吐字发音，那是非常漂亮的。

——1778 年 7 月 12 日自巴黎寄父

322. 三评拉夫唱功

拉夫是天下最好、最诚实的人，只可惜他太受那些老规矩的拘束了，结果是弄得人很难为他写曲子，但如果是为他写点普普通通的咏叹调倒便当得很。他太爱唱那种整齐刻板的东西，而且也不注意如何表达曲中的感情。

——1780 年 12 月 27 日自慕尼黑寄父

译读者言：拉夫（A. Raaff，1714—1797）这名字虽然在一般的音乐词典上根本查不到，但在18世纪中叶以后的歌剧舞台上，他是个有号召力的歌手，唱遍了那不勒斯、马德里、里斯本、曼海姆等欧洲各地。莫扎特信中多次提到他，也因为他在莫扎特歌剧中演唱过重要角色。何况，《伊多梅纽》得以上演，也多亏此人与其老师玛蒂尼长老的从中说项。对拉夫的评价前后不一致，足见他胸无成见。

323. 一谈阿洛西亚

阿洛西亚有一副纯净可爱的好嗓子。她唱起来真是令人赞叹，唯一的不足之处是舞台演技差。如果不是因为这个原故，她一定能到任何一个剧院当头牌歌手。她年方二八，父亲是一位诚实到极点的德国人，对儿女认真教育。也正因此，此地人向她大献殷勤，她反以为苦。

我为德·阿米契斯写的一首咏叹调，其中有难唱得要命的段落，可是她唱得妙极了！她有自学能力，不但能很好地自弹伴奏，弹些轻巧华丽的曲子也弹得不坏。可为她庆幸的是，她赢得了正派的人们善意的称赞，连选侯和夫人也非常乐于接待她，只要不会破费他们什么就行。只要想去，她随时可以去夫人那里，哪怕天天去，这都是因为她行为得体。

——1778年1月17日自曼海姆寄父

324. 再谈阿洛西亚

星期六晚上，我们到选侯宫里去了。韦伯小姐在那里唱了三支咏叹调。对她的演唱我没多少可说的，想说的只是一句话：好极了！

上次的信中已经谈过她的好处了，但今天写此信，我还是不能不再来补充一些有关她的事。这是因为，直到如今我才真正了解她，并且因此而发现了她那非凡的能力。

所以我盼望你写信给我们的好友路加蒂，愈速愈妙，打听一下在维罗那给一个头牌歌手的最高报酬是多少。方便的话，再问问威尼斯耶稣升天节时演出的行情。就其歌唱能力而言，我敢以性命打赌，她一定能为我的作品赢得名声！虽然只有短短的时间，在我指点下她已有了明显的改进。那么，到那时她又会有多大的进步呵！

——1778 年 2 月 4 日自曼海姆寄父

325. 三谈阿洛西亚

韦伯小姐的歌声，透入听者的肺腑，而且她更喜欢用圆滑唱法。假如去意大利的话，她就不得不唱炫技性咏叹调，但也决不会丢掉圆滑唱法，因为那是她的天性。

当人们要拉夫坦率地发表看法时（他当然不是爱讲奉承话的人），他说：“她不像个才学歌唱的，倒像个有功夫的歌手。”

——1778年2月19日自曼海姆寄父

326. 四谈阿洛西亚

我为韦伯小姐写了一首咏叹调。我告诉她：你自己去练，你觉得应该怎么唱就怎么唱。练好了，让我听听，我会坦率地告诉你，我满意的是什么，不满意的是什么。

几天之后我上韦伯家去，她自己弹着伴奏唱给我听。我不得不向她承认，她唱得恰恰同我想要听到的完全一致，我正是要教她这样唱法。

——1778年2月28日自曼海姆寄父

译读者言：到底是情人眼里出西施，还是那歌喉确实把他迷住了？

阿洛西亚·韦伯（Aloysia Weber）后来是朗格（Lange）夫人（1765—1839），是莫扎特的头一个意中人。后来的变化是：她“冷如春冰”，而他“满腔是热泪”。

信中说得如此情意绵绵的咏叹调（K.294），手稿至今尚存，上面已加了装饰音。当时想必是写了给她练唱的谱子吧？

从大大小小的音乐词典中全都找不到她的名字，除非是介绍莫扎特的词条里。那么，此女后来并不曾像莫扎特所料的那样有什么大成就了。

既然莫扎特是根据她的特点量体裁衣谱制此曲（见前面谈作曲的一信中），今日听此曲，便可从中捉摸他那意中人的宛转歌喉和莫扎特本人谱曲时的缠绵情意了。

327. 这里的乐队令人光火！

这里的乐队真够糟的，令人光火！

此刻唯一令人烦恼的是，自己开音乐会的时候，我会得到什么样的乐队伴奏。因为，这里的乐队真该受到咒骂！

——1777 年 10 月 16 日 /17 日自奥格斯堡寄父

328. 赞曼海姆乐队

要是萨尔茨堡的乐队能组织得像曼海姆乐队那样棒的话，

我真盼望你能来看看他们那种对纪律的一致遵守，还有卡纳比希如何运用他作为指挥的威权。在曼海姆乐队中，一切都是认真对待。卡纳比希是我所见到的最优秀的指挥家，他手下的队员对他是既喜爱又害怕，更了不起的是他还受到全城人士的敬重。他们的行为举止确实和我们那儿的人大不相同，讲礼貌，衣冠整洁，而且不上酒店酗酒。

——1778 年 7 月 9 日自巴黎寄父

译读者言：据说，当时的奥格斯堡管弦乐队，“除了差劲的八个小提琴手以外，就别无所有了”。当时欧洲各地的乐队，不像 19 世纪以来这样有一套规范的编制，规模大小不一，乐器品种不全，训练、演奏水平更是高下不齐了。从他对奥格斯堡的乐队生气，对家乡的乐队不满，对曼海姆乐队的盛赞，便可见一斑了。

329. 对一个女琴童的看法

关于国防大臣汉姆之女的弹奏，我所能说的只是，她无疑是有才能的，既然才不过学了三年，已经能把一些曲子弹得相当不坏了。

但要把听她弹的印象告诉你却感到困难。她似乎敏感得古怪，俯身在琴上，用瘦削的手指弹琴，真是一副怪样子。

她并未找到一位称职的教师，如果老呆在慕尼黑，那就绝不可能成为一个第一流演奏家，像其父如此渴望的那样。如果她能上萨尔茨堡去，到爸爸那边学习，那她所得的教益将是双重的。除了接受音乐教育，还可以在智力上得到提高，她的弱点也正在这方面，那曾多次让我觉得好笑。而你，也将会为自己所费的力气得到报偿。

她不会贪吃的，她是太纯朴了。你说我应该已经测试出她的能力了，唉！我简直没法做到这一点，因为我总是笑得要命。每当我用右手弹奏一段作为示范的时候，她便立刻用她那细得像个耗子似的声音叫了起来："好极啦！"

——1777 年 10 月 16 日自奥格斯堡寄父

330. 你是第一流的！

汉姆小姐的老师是一位教师，他叫希来尔，一位不错的管风琴师，但不是钢琴家。

这是个枯燥无味的人，不大言语。但他轻轻地拍拍我的肩头，叹了口气，然后才开口道："是啊——你是——我说——你是——你是第一流的！"

——1777 年 10 月 11 日自慕尼黑寄父

331. 听两个管风琴师弹琴

本地有两位管风琴师，仅仅是这件事便值得人特地来此一游了。我有机会好好地领教了一番他们的本事。第一次我听到了第二风琴师的演奏，而第二次则听了第一风琴师的。可是据我看来，第二风琴师要胜过第一风琴师。

第一次听时我问："谁在演奏？"人们告诉我是第二风琴师。听另一次演奏时我又问："现在又是谁在弹？"我被告知是第一风琴师，此人弹得比另一位更糟。我想，假如把这两人弄在一起演奏，那结果可能更加不妙。

看这两位先生弹琴真能叫人笑断肚肠。第二风琴师猴在风琴前面恰像一个坐在小凳上的小孩子，因为你从他脸上的表情便知道他能玩什么花样。至于第一风琴师，还戴了副眼镜哩！

我站到风琴跟前，注意观察，指望能从他们那里学到点东西。只见每弹一音他总要把一双手抬起，举到半空中。他拿手的节目是弹奏有六个声部的音乐，实际上他多数是在弹五个或八个声部！他又常常把右手拿开，只用左手，以此来卖弄。总之，他可以为所欲为，因为他是这个乐器的主人。

——1777 年 11 月 4 日自曼海姆寄父

译读者言：信中这两个风琴师，都不知是何许人。莫扎特“想从他们那里学到点东西”，肯定并非说说而已，他弹奏管风琴的本领正是靠聪明加上一有机会便观摩请教得来的。他又一贯反对“看演奏而不是听演奏”，此信中寥寥几笔便把江湖气的卖弄噱头嘲讽了一顿。

332. 与其听，还不如看他弹

伏格勒在路德派教堂中弹奏了管风琴。

直言不讳地讲，他那种弹法，十足的是骗子玩的把戏。等到他想弹一曲庄严的音乐时，又变得像尘土似的干巴巴。令人宽慰的是，弹管风琴使他觉得乏味，因而弹不多时便结束了。可他到底弹了些什么？稀里糊涂的一堆！我是从远处听他弹的。然后他弹起了赋格曲，曲中有在同一键上连弹六下的旋律，我于是便走上前去听。

说实在的，与其听，还不如看他弹！

——1777 年 12 月 18 日自曼海姆寄父

333. 乐人相聚

前天我们这里有个小音乐会。

迪普雷先生——爸爸想必还记得此人，他也在场。他是塔替尼的学生，那天早上他给阿伯特家最小的儿子上课，碰巧我也上那儿去了。对此人原先我并不曾注意，但那天见他教课倒是十分的认真。等到谈起小提琴在独奏与合奏中的问题时，他有些见解十分可喜，常常和我所见略同，因而我改变了先前对他的看法，相信他是个出色的演奏者和称职的乐队成员。于是便邀他参加了下午的音乐会。

我们先拉了米夏埃尔·海顿的两首五重奏。可恼的是我简直听不见他的声音。每拉四小节，他总要出一回错。要说他的好处只有一条：极其有礼貌，而且赞扬了那两首作品。嗯，我没说什么，但他不住地讲："请原谅，我又拉错了！这玩意真不好对付，可是真好！"我也便不停地回答道："没关系，我们是自己人玩玩。"

在此之后，我弹了自己的三首钢琴协奏曲，这次我可真是得到了很好的伴奏。但在弹《柔板》乐章时，我不得不替他拉的那个声部代奏了六小节。

——1777 年 10 月 6 日自慕尼黑寄父

译读者言：此信最值得玩味的一点，是乐人相聚、奏乐自娱的那种自得其乐的情趣。

信中那个“阿伯特”是慕尼黑宫廷乐队的小提琴手。

334. 他不是一个玩把戏的

今天下午六时，“明星音乐会”开始演出，我怀着兴趣听了弗兰泽先生演奏的小提琴协奏曲。他的妻子是卡纳比希夫人之妹。我非常喜欢他的演奏。

你知道的，对那种技巧艰深的演奏我并无多大兴趣。他拉的正是那种乐曲，但听的人并不觉得那是很难拉的，还以为他们自己也照样能拉。这是真正有功夫的演奏，并且，他的声音极其圆润、美丽。他一个音符也没丢，你可以听到乐曲中的一切，清清楚楚。他拉得一手美妙的顿弓，一弓奏出，上弓下弓都行，而且我还从未听到过有谁拉双颤音像他这样漂亮的。总之一句话，在我看来，他不是一个玩把戏的，而是一位功夫非常扎实的提琴家。

——1777 年 11 月 22 日自曼海姆寄父

译读者言：弗兰泽（I. Franzl，1736—1811）先是曼海姆宫廷乐队乐长，后来又担任国家剧院指挥。

别忘了莫扎特这时已经是一位成熟的小提琴家了。所以要想了解他对小提琴演奏有何见解的话，这是一段很好的资料，从中也可以想见他自己演奏时的风姿吧。在别处他形容过自己拉得“流畅如热油之流”，此处又形容弗兰泽拉技巧艰深之作举重若轻，都是极富启示的话，不是随口说说的。当我们倾听他的小提琴协奏曲时，联想此信，造一个他自己拉琴和他听别人拉琴时的影，那乐味将更浓了。

信中还有一句话中有重要信息耐人思考：他对技巧艰深的演奏并无多大兴趣。

335. 推荐小提琴手

由于哈弗纳德的去世，丰・普洛叶尔先生受命物色一个小提琴手，我向其推荐了一个叫门采尔的青年。这是个漂亮伶俐的小伙子，但我关照他别提起是我推荐的，否则有可能不成功。现今他正等着那边的决定。我想，他大概要求，并且也会得到四百古尔盾的薪金，还有一套服装。关于讨取服装一事我已经责备了他，因为那是一种有失体面的乞求。

一俟此事有了结果，我就写封介绍信让他去见你。你会觉得他是个讨人喜欢的提琴手，而且他的视奏能力很不错。至今为止，我的四重奏维也纳还无人能视奏得像他那么好。更重要者，他是个对人最和善的人，只要你需要他上你处拉琴，他总会乐于从命的。

——1784 年 3 月 10 日自维也纳寄父

336. 他真是而且总是个蠢驴！

门采尔真是而且总是个蠢驴！

事情的全过程是这样的。丰・普洛叶尔问我是否认得一位小提琴手，我便告诉了门采尔，他感激不尽。你可以料想得到，作为一个诚实的人，我会劝他，除了要求一个终身职务之外，别再提出其他的要求。谁知从那以后他就再没来过。直到最后，才从普洛叶尔那里得知，他将去萨尔茨堡接受面试了。他索酬四百古尔盾，还有，请注意！一套服装（译者注：此四字原文作斜体，以示强调）。门采尔在此地向我和其他人都声称自己已获得了任命。

——1784 年 7 月 12 日自维也纳寄父

译读者言：门采尔（Z. F. Menzel）原为维也纳宫廷教堂的小提琴手。看来，此人并不像莫扎特原先以为的那样听话。

337. 推荐第一小提琴手

如果布鲁纳提可能被解职的话，我很乐意向大主教推荐一位我的好友去担任第一小提琴手。

这是个很值得器重的人，非常扎实可靠。我估量他大约四十岁年纪，是个鳏夫。他名叫罗斯费希尔，在克西海姆-波朗登宫廷任乐长，为拿索-魏伯格公主当差。私下说说，不要外传，他已失宠，因为公主对他这人不喜欢，不过也可能只是不喜欢他的音乐。

他极力敦促我为他想想办法——说真的，为他帮个忙在我来说是一件真正愉快的事，因为，他属于那些最好的人中的一个。

——1778年7月9日自巴黎寄父

你当真想要一张罗斯费希尔的画像？

他可真是个有头脑又勤苦的乐队指挥，并非什么天才人物，不过我乐于同他相处——最可取的一点，这是个极友善的人，不管你对他怎样都不要紧——自然，你也得知道如何处置。他指挥乐队的能力胜于布鲁纳提，不过独奏功夫不及后者高明，他的技巧比较好。以他那种风格而论，演奏得也不差，但那风格是有点儿老派头，像塔替尼式的。而布鲁纳提的拉法更叫人喜欢。他为自己演奏而作的那些协奏曲，都是可喜的音乐。

——1778 年 8 月 27 日自圣日耳曼寄父

译读者言：罗斯费希尔（P. Rothfischer，1746—1785）后来当了维也纳德国剧院乐队的乐长。此信中更值得注意的是对布鲁纳提的赞赏。这个萨尔茨堡乐队的提琴手，在为人方面并不是一个他看得起的人。他是不以人废乐。

338. 与女提琴家合奏

那位有名气的斯屈利娜莎奇到此地来了。曼都亚人，非常不错的一位小提琴家。她的演奏趣味高雅，感情丰富。此刻我正在写一首奏鸣曲，星期四那天，在剧院的音乐会上，我将同她合奏此曲。

——1784 年 3 月 24 日自维也纳寄父

译读者言：斯屈利娜莎奇（R. Strinasachi，1764—1839）18 世纪 80 年代活跃于意大利、奥地利，后来以独奏家身份到各国作旅行演奏。演奏室内乐也是她所擅长，尤其演奏海顿之作最受称扬。

信中所云的奏鸣曲即《降B大调奏鸣曲》(K.454)。在作者自己手抄的曲目中，此作所注的日期为3月12日，恰好是写此信的三天之前。但从信中的“正在写”一语又可知其尚未完稿。一件有趣的事也对此提供了旁证：

在五天之后（3月29日）的那次音乐会上，两人合作演奏了这首作品，但他自己弹的钢琴部分是一份草稿，只有轮廓，而且残缺不全。从保存下来的这首小提琴奏鸣曲原稿上也看得出，钢琴部分是后来补上去的。

类似的轶闻不止一件。但这一件是没有什么疑问的，家信、曲稿可以互证。当我们听这首乐曲的时候，浮想中会出现那个凭着近于空白的钢琴谱、自己的记忆和临场即兴的高才，同那位他如此激赏的女提琴家契合无间地合奏的情景吧？

339. 他大喜欲狂

那天碰巧有几个在乐队中工作的人来卡纳比希家。其中有个吹双簧管的，名字我忘了，他吹得非常好，发音可喜地纯正。我赠以自己写的双簧管协奏曲，这首乐曲当时正在另一室中誊抄，这使他大喜欲狂。

——1777年11月4日自曼海姆寄父

昨天在卡纳比希家有场音乐会，拉姆先生演奏了我的双簧管协奏曲，这是他第五次演奏它了。此曲在这地方引起了很大的轰动，如今已成了拉姆的拿手戏。

——1778 年 2 月 14 日自曼海姆寄父

译读者言：后一信中的拉姆（F. Ramm，1744—1817）也就是前一信中他忘了名字的那个人，是曼海姆乐队的首席双簧管手。

340. 请对他耐心一点

请对可怜的洛特格伯耐心一点。如果你了解他的处境，看到他是怎样地在艰难中前进，肯定会为他难受的。我会去跟他谈谈。我想，他肯定会把欠的债还你，至少会分期偿还的。

——1782 年 5 月 8 日自维也纳寄父

译读者言：除了钢琴或小提琴协奏曲以外，他为独奏乐器写协奏曲最多的就是圆号，一共有五首。其中有三首都是为这个叫洛特格伯（J. Leutgeb，1732—1811）的人写的。这是个同他们家有亲密友谊的人，他在维也纳近郊盘下了一家奶酪铺子，老莫扎特在一封信里形容它“小得像个蜗牛壳”，且又欠下了债，可见其生计之艰难了。他在圆号演奏上功夫如何，可惜在家信中看不到评说，但我们可以相信，这个萨尔茨堡乐队中的圆号首席绝非庸才，否则莫扎特不会为他写那么多乐曲（除了协奏曲还有其他）。

1770 年，洛特格伯曾在巴黎圣灵音乐会上一显身手，表演了圆号吹奏的一种新方法，用手伸进号口中，发出“阻塞音”。这种方法当时才发明了不过十多年。（老式的圆号是所谓“自然圆号”，不用活塞，吹不出多少音。用这种方法吹“阻塞音”，便可增加一些。“阻塞音”在音色上也起了变化。）

莫扎特虽然没谈过洛特格伯的演奏技巧，但在他一生中最后写的那封信中还说到此人。

尤其不能不介绍的是，他在最后一年中为此人写的那份乐曲的残稿上，留下了他最后的笑与泪，笑中有泪。

这种笑声与泪痕，用意大利语写在曲稿上面的空白处。此曲即《D 大调圆号协奏曲》（K.412）的终曲。

在独奏圆号开始进入处的这一行谱表上，他写道：“驴子先生，请！”

三小节之后，又写道：“活泼地。”然后“快”“向前”“妙！”“提起精神来”“你完啦？”

接着，突然出现“畜生”“哦，多么刺耳！”“我真不走运！”“好样的！我亲爱的可怜虫！”，跟着出现了一串脏话，“哎，我的‘球’好疼！”……

在这以后的曲谱上，他像是在为圆号曲调配歌词似地涂上了密密麻麻的文字，仿佛他那惯喜开玩笑、恶作剧的性子一发而不可收了：

“多美！”“多么驴子气！”“哈哈哈”“吸气！”“可你至少得吹准一个音，你这长耳朵的家伙！”“啊哈，妙极了，妙极了，万岁！”“你又第四次来折磨我啦！”“谢天谢地！最后一次了！”

异想天开的游戏文字是这样结束的：在乐章尾声处，也便是在总谱上将要画上双纵线的那地方的前面，圆号吹出了主三和弦的分解和音。一听到此，人们就知道乐章要画上句号了。

他写道：“完结啦？”“感谢上苍，够啦，够啦！”

读他这一大堆荒唐言，如见其态，如闻其语。联想他“灿烂的爆发”的一生，“春蚕到死丝未尽”的英年早逝，我们会从滑稽感开始，终于陷入悲怆的肃然沉思。

341. 赶写《安魂曲》，未竟而逝

今早我写得起劲，一直写到一点半钟。出去吃过午饭，回家来又写，写到要上剧场时方才住手。

——1791 年 10 月 8 日自维也纳寄妻

译读者言：这是他谈到《安魂曲》的唯一的一点点文字。

当死神终于登门造访时，完成了的仅仅是计划要写的二十五章的头一章。第二章接近完篇，只有某些器乐部分空着待补。后面有十七章的主要部分也已经写到谱纸上，即合唱、独唱、器乐部分的低声部，与某些有旋律意义或主题性的器乐声部。

照这样子，他已勾画出——实际上是基本作成了大约七章左右，连《泪经》开头八小节也已经把音符写上了。

就在此处，手稿中断！

呜呼，这真是一个不能不令人为之泪下的细节！叫人联想到脂砚斋朱笔批在《红楼梦》残稿上的："……雪芹泪尽而逝"！

据他夫人后来告诉出版商（著名的布来特可夫与黑太尔公司）说：丈夫自知不起，便嘱咐学生苏斯迈尔，如果自己完不成，此事就交给他了，同时也交代了已考虑好的创作意图。

康斯坦查之妹苏菲的回忆：我急忙来到姐夫那里，苏斯迈尔已坐在床边，《安魂曲》稿摊开在被单上，莫扎特正解释他对后面如何写的想法。

苏菲记得的最后情景是：他试着要发出《安魂曲》中的定音鼓声，那声音我至今还清楚地记得。

何其相似的是：《红楼梦》有前后几十回与各种版本的真伪之疑；《安魂曲》中到底哪些应归在莫扎特名下，也引起了长达二百年的争端。

《安魂曲》是在他死后几个月中由别人完成的。现存的手稿上除了作者自己写的，可以看到至少有三种笔迹，都是他的友人与学生留下的。最后五章则只见苏斯迈尔的手笔了。

未亡人说，她交出的手稿是实际上已完成的全曲。苏斯迈尔声称他补作了大部分音乐。单凭遗稿与苏斯迈尔的抄本等文献，莫扎特究竟对后面的部分作了多少贡献，依然无从裁断。

对于苏斯迈尔的续貂与其对前面部分所作整理的质量，指摘者不乏其人。理查·施特劳斯便斥其写得拙笨，不忠于莫扎特的精神。

因此可以说，广为流传的这部富有传奇色彩背景的名作，其实也像《红楼梦》一百二十回本那样，是个绝大的遗憾！

重加续写的本子也出了不少，其中，最受人注目的是当代英国作曲家本杰明·布里顿的一种。

附　录

莫扎特大事记

1756 年：1 月，生于奥地利的萨尔茨堡。

［J. S. 巴赫死于六年前（1750），D. 斯卡拉蒂死于次年（1757），维瓦尔迪已死十五年，弗·库普兰（大）已死二十三年，发明钢琴的克里斯多福里已死二十五年。格鲁克四十二岁。海顿二十四岁，开始作弦乐四重奏。拉摩《和声学》已发表三十四年。］

1759—1760 年：开始跟父亲学弹琴（羽管键琴和楔槌键琴，不是钢琴）。自己学拉小提琴。开始自编一些旋律。

［亨德尔死（1759）。］

1761 年：试作键盘乐器小曲。起初由父亲记谱，不久便自己记。作品有《行板与快板》《小步舞与三声中部》。

1762 年：随父与姊开始作为一个神童的音乐之旅。第一次，到慕尼黑。第二次，到维也纳，在奥皇弗朗西斯一世与皇后玛丽亚·泰雷沙前弹奏。

作键盘乐器奏鸣曲（次年在巴黎出版）。

1763 年：第三次音乐之旅，先到法国。

作奏鸣曲，在巴黎出版。

1764 年：在凡尔赛宫为法王路易十五演奏。赴英，在英王乔治三世御前演奏。在英国首次接触新兴乐器钢琴。认识了巴赫次子 J. C. 巴赫。

（拉摩死。）

1765 年：在伦敦举行演奏会。赴荷兰。

1766 年：到阿姆斯特丹、海牙。再度到法国，经瑞士返回萨尔茨堡。在日内瓦曾访伏尔泰，未见到。

1767 年：再游维也纳。

（泰勒曼死。海顿作第 35—38 交响曲。）

1768 年：奉奥皇之命，作歌剧《装疯卖傻》，未能上演。另作德语歌剧《巴斯地安与巴斯地安那》，在私家演出。

（卢梭《音乐词典》出版。）

1769 年：返回萨尔茨堡。任宫廷乐队首席，无薪。

1770 年：随父作首次意大利之旅。在波仑亚经过测试后被波伦亚爱乐协会接纳为会员。在罗马西斯廷教堂听《求主怜悯歌》，默记其谱。教皇授予金马刺勋章。作歌剧《密特里达特》，在米兰亲自指挥首场演出，大获成功。

（塔替尼死，贝多芬生。）

1771 年：返萨尔茨堡。第二次意大利之行，作歌剧《阿斯卡尼俄在阿尔巴》在米兰上演。

1772 年：回萨尔茨堡。三访意大利。再到米兰，作歌剧《卢乔·西拉》并演出。

1773 年：返萨尔茨堡。到维也纳谋职，失望而回。作交响曲二首（K.183、K.201）。

1774 年：作曲多首，包括《大管协奏曲》等作。作歌剧《假园丁》，为演出该剧赴慕尼黑。

（格鲁克作《伊菲姬尼在奥里德》《奥菲欧与尤丽狄茜》。）

1775 年：《假园丁》在慕尼黑上演，作小提琴协奏曲五首（K.207、K.211、K.216、K.218、K.219）。

1776 年：与大主教之间的摩擦加剧。作钢琴协奏曲三首（K.238、K.242、K.246）。

1777 年：由母亲陪同赴巴黎求出路。途经曼海姆，识阿洛西亚·韦伯一家人。作《叶耐梅钢琴协奏曲》（K.271）。

1778 年：在母亲陪伴下到巴黎。母亲在巴黎病亡。谋职、卖曲都无成。作《巴黎交响曲》（K.297）、《长笛与竖琴协奏曲》（K.299），为长笛作协奏曲二首（K.313、K.314）等。经曼海姆返萨尔茨堡。

1779 年：回到家乡。任宫廷风琴师，季薪四百五十弗洛林。作《小提琴、中提琴交响协奏曲》（K.364）、《双钢琴协奏曲》(K.365)。

1780年：作歌剧《伊多梅纽》，为演出该剧去慕尼黑。

1781年：《伊多梅纽》上演。被大主教召往维也纳伺候。与大主教决裂，被逐出。寓居韦伯家。与康斯坦查订婚。遇海顿。与克来门蒂比赛钢琴演奏。

1782年：从此定居维也纳。与康斯坦查结婚。奉奥皇之命作德语歌剧《后宫诱逃》，演出大获成功。作钢琴协奏曲三首(K.413、K.414、K.415)。

(帕格尼尼生。J. C. 巴赫死。)

1783年：与妻子返乡探望家人。此后再未回去过。举行演奏会，奥皇到场，收入一千六百弗洛林。作歌剧《开罗之鹅》，半途放弃。

1784年：作六首弦乐四重奏献给海顿。作钢琴协奏曲六首(K.449、K.450、K.451、K.453、K.456、K.459。)

1785年：入共济会。老父来维也纳看望他。海顿向他父亲热诚称赞他是最杰出的音乐家。作钢琴协奏曲三首(K.466、K.467、K.482)。

1786年：作歌剧《费加罗的婚姻》并演出。作歌剧《剧场经理》。作钢琴协奏曲三首(K.488、K.491、K.503)。

(韦伯生。)

1787年：访布拉格，作《布拉格交响曲》(K.504)。作歌剧《堂璜》。被任为奥地利皇家室内乐作曲家，薪俸为八百弗洛林一年。

父利奥波德·莫扎特去世。

（贝多芬来访。格鲁克死。）

1788年:《堂璜》修改后在维也纳上演。作最后三部交响曲（K.543、K.550、K.551）。

（巴赫次子 C.P.E. 巴赫死。）

1789年：访普鲁士。普王有意留他任职，辞不就。奉奥皇之命作歌剧《女人心》。

1790年:《女人心》演出。作钢琴协奏曲一首（K.537）。债台高筑，经济情况恶化。

1791年：作歌剧《蒂托的仁慈》并演出。作德语歌剧《魔笛》，演出受到欢迎。作最后一首钢琴协奏曲（K.595）。作《单簧管协奏曲》（K.622）。作《安魂曲》，未完而逝，时在12月5日。次日草草下葬。

（次年，贝多芬到维也纳从海顿学作曲，从此定居该地。）

莫扎特作品听赏曲目推荐

读莫扎特家书，是为了识其人。识其人主要是为了读其乐。莫扎特说过，他不会吟诗，不会作画，然而会作曲。他自豪地宣布：因为我是音乐家！（见本书第196号家信。）

一位作曲家的真情实话，尽在其乐曲之中。真想了解莫扎特，还是要去读他用音乐语言发表的大文章。

在他短促如同朝露的一生中，除了前五年，余下的三十年中他几乎是无日不在构思与写作。理查·施特劳斯的父亲，一位在乐队中吹了几十年圆号的乐人形容得有趣：叫一个熟练的抄谱手不停地抄他的作品，也得抄好多年！

那么我们听他的毕生所作又要多长时间？这笔账并不难算。1991 年，莫扎特逝世二百年，为了纪念，出了全集的录音。一百八十张 CD！（不妨作一对比。贝多芬全集有八十七张 CD，他活了五十七岁。）

哪怕是一个莫扎特迷，恐怕也不可能反复通读这一百八十张 CD 的莫扎特全集。

为了帮助“莫迷”在有涯之一生中享受莫扎特乐艺之精华，这里提供一份“必读曲目”，或曰“可优先选读曲目”。去取之间，参以己意，不足为据，聊供参考而已。

有一点值得注意，莫扎特的作品都是编了号的，这是学者克舍尔（Kchel，1800—1877）的功劳！因此乐曲的曲号之前都有个“K”或“KV”。K.1 是一首《小步舞曲》，作于 1761—1762 年间，他才五六岁。最末一首是 K.626，这是个值得我们记住的数字，这首作品也就是他未能完篇的《安魂曲》。

不过这个“626”的数字也许要改写。因为集外之作时时被发掘出来（有真有伪）。1991 年问世的 CD 全套中，据云收了可演奏九十分钟的“新发现的作品”。

克氏是按作曲年代编号的，这使我们一看便大约知道那是莫扎特哪个时期之作。以他的钢琴协奏曲为例，“1”或“2”起头的是早期作品，如 K.236 等。维也纳时期，也是他最精彩的那些协奏曲，便是“4”或“5”开头了，如 K.595。

一、歌剧

在他所写的十几部歌剧中，值得优先听赏的有三部：

1. 费加罗的婚姻（K.492）

2. 堂璜（K.527）

3. 魔笛（K.620）

听歌剧，假如只是泛泛了解剧情梗概是无助于倾听的，应该对照着唱词去听。好在如今的歌剧唱片中附有包括英译的台本，可以利用。

不能只注意听一些咏叹调，还要听其中的重唱、合唱。歌剧的音乐性与戏剧性融为一体，这在重唱、合唱中效果更显。

他的歌剧中，乐队所奏常常发挥着重要的交响性与戏剧性作用，切不可闲闲听过。

此三剧前的序曲都极其精彩名贵，不但为听者进入剧中情境提供情绪与气氛的心理准备，还可单独作为深刻的交响音乐反复倾听。

二、交响曲

在四十一部交响曲中，值得优先听赏的有七部。

1. 第 31 交响曲（《巴黎》K.297）
2. 第 35 交响曲（《哈夫纳》K.385）
3. 第 36 交响曲（《林茨》K.425）
4. 第 38 交响曲（《布拉格》K.504）
5. 第 39 交响曲（K.543）
6. 第 40 交响曲（K.550）
7. 第 41 交响曲（《朱比特》K.551）

这七部交响曲中，一般最注意的是那最后的三部，即第 39—41 交响曲，那的确是非常深刻而且其意境又各不相似的杰作。但人们往往错过了另一部交响曲：第 38 交响曲。要知道，这部作于布拉格因而得名的作品，其精彩动人的魅力决不逊于后面的三部。所以，要想听他最好的交响曲就决不要把它漏了。

三、协奏曲

1. 最重要最精彩的是钢琴协奏曲，甚至可以说这是他器乐作品中最出色也最有特色的创作。一共二十七首，除了早期的四首习作，全都值得我们通读。但我们又应该精读其中最精彩绝伦的六首：

（1）第 19 首，F 大调（K.459）

（2）第 20 首，d 小调（K.466）

（3）第 21 首，C 大调（K.467）

（4）第 23 首，A 大调（K.488）

（5）第 25 首，C 大调（K.503）

（6）第 27 首，降 B 大调（K.595）

听他的钢琴协奏曲，必须将注意力同时指向独奏乐器与协奏的乐队。他的钢琴协奏曲是富于交响性的，像是交响曲；但独奏乐器又始终不失其主角的地位，这便又像是歌剧中主角唱的大咏叹调；有时钢琴与乐队对话应答，打成一片，融洽无间，又像是室内乐了！

2. 其他的协奏曲。莫扎特为十种独奏乐器写了协奏曲（有的乐器写了不止一首），最可惜的是他不知何故没有为大提琴写协奏曲。还有令人遗憾的是一首小号协奏曲迷失了；一首为四件管乐器作的交响协奏曲，原谱迷失，如今人们听到的已非原貌（请看本书第 185 号家书）。

除了前面讲过的钢琴协奏曲，他写的各种协奏曲近二十首，不但是协奏曲文献中的上品，而且是今天音乐会中人们最爱听常听的节目。有时间的话，全都值得一听再听，其中可以优先选读和精读的作品，窃以为是如下几种：

（1）A 大调小提琴协奏曲（K.219）

（2）小提琴、中提琴交响协奏曲（K.364）

（3）单簧管协奏曲（K.622）

（4）长笛与竖琴协奏曲（K.299）

四、钢琴奏鸣曲

要从他写的钢琴奏鸣曲中品出味道来并不容易，因为表面上看来它们是朴素平淡的，只有耐心反复倾听，才能发现那种内省的亲切感。

可先听以下几首：

1. C 大调奏鸣曲（K.332）
2. 降 B 大调奏鸣曲（K.333）
3. C 大调奏鸣曲（K.545）

图书在版编目（CIP）数据
莫扎特家书 / 辛丰年译评；严锋编. －上海：上海音乐出版社，2023.8
（辛丰年文集：卷八）
ISBN 978-7-5523-2657-4
Ⅰ. 莫…　Ⅱ. ①辛…　②严…　Ⅲ. 莫扎特（Mozart，Wolfgang Amadeus 1756-1791）－书信集　Ⅳ. K835.215.76
中国国家版本馆 CIP 数据核字（2023）第 124522 号

书　　名：莫扎特家书
译　　评：辛丰年
编　　者：严　锋

版权代理：学人文文化
责任编辑：李　琼
责任校对：顾韫玉
封面设计：金　泉

出版：上海世纪出版集团　上海市闵行区号景路 159 弄　201101
　　　上海音乐出版社　上海市闵行区号景路 159 弄 A 座 6F　201101
网址：www.ewen.co
　　　www.smph.cn
发行：上海音乐出版社
印订：上海雅昌艺术印刷有限公司
开本：889×1194　1/32　印张：11.125　插页：3　字数：204 千字
2023 年 8 月第 1 版　2023 年 8 月第 1 次印刷
ISBN 978-7-5523-2657-4/J · 2460
定价：69.00 元
读者服务热线：（021）53201888　印装质量热线：（021）64310542
反盗版热线：（021）64734302　（021）53203663